KB095537

경영의 미래를 말하다

경영의 미래를 말하다

펴낸날   초판 1쇄 2016년 7월 20일

지은이   최선집
펴낸이   서용순
펴낸곳   이지출판

출판등록 1997년 9월 10일 제300-2005-156호
주 소   03131 서울시 종로구 율곡로6길 36 월드오피스텔 903호
대표전화 02-743-7661 팩스 02-743-7621
이메일   easy7661@naver.com
디자인   박성현
인 쇄   (주)꽃피는청춘

ⓒ 2016 최선집

값 15,000원

ISBN 979-11-5555-047-2 03320

경영의 미래를 말하다

최 선 집 ——————— 이지출판

위기에 처한 기업경쟁력

기업 현장을 자주 방문하면서 경영진을 만나는 경우가 많다. 그때 필자의 첫 질문은 늘 "기술경쟁력이 어느 정도 갈 것 같으냐"다. 그러면 "6개월? 아니 그보다 더 짧을지도 모르겠다", "하루하루 피가 마른다"는 대답을 자주 듣는다. 더 나아가 "경쟁력요? 그런 거 이미 없어졌어요!"라는 기업도 있다. '적어도 2~3년은 가지 않겠는가'라는 대답을 예상했지만 말이다.

어떤 회장님은 "내일부터 공장에 내려가 살다시피 해야 한다"고도 한다. 급변하는 기술 변화로 제품이 하루아침에 쓸모없는 것이 되어 버릴 수 있다는 절박감이 배어난다.

수년 전 기업의 애로사항을 전달하기 위해 미국 의원들을 방문한 적이 있다. 갑작스런 면담 요청에도, 그리고 바쁜 일정 중에도, 심지어는 표결을 막 끝내고 내려왔다면서 애로사항을 경청해 주던 그들이 오랫동안 깊은 인상으로 남아 있다. 일자리를 만드는 일이 가장 중요한 일인 듯 행동하는 정치가를 보면 한없이 부럽다.

중국에서 성공한 동향 출신 젊은 사업가 강철용 에이컴메이트 대표가 전하는 중국 공무원의 기업 돕기도 놀랄 만하다. 이 회사의 CS센터가 있는 옌청 시에서는 법인에 10억 원 정도의 외자투자가 있으면 500~600평 되는 사무실을 3년간 무상 사용할 수 있으며, 고급인력의 거주비까지도 보전해 준다고 한다. 월 30만 원 정도 드는 거주비를 10만 원까지 보전해 주는 것이다. 중국의 친기업정책도 잘사는 '기업주'를 위한 정책이 아닌 결국 '중국인 일자리' 만드는 정책임은 말할 여지가 없다.

이 책은 이러한 관점에서 만들어진 것이다.
그럼 기업은 어떻게 성장 발전시켜야 할 것인가?

기업의 내부 목소리도 중요하지만, 외부 목소리도 그에 못지 않게 중요하다. 더구나 경쟁자들에 관한 이야기라면 더욱 그러하다.

인간 존엄의 기초인 일자리를 급격히 변화하는 환경 속에서, 어떻게 한 차원 높은 기업경영으로 만들어 내어 후대에 넘겨줄 것인가라는 고민에서 출발하였다. 그리하여 우리 사회 모두가 힘을 보태는 방법을 모색해 보는 것이 필요하다는 메시지를 전하는 것이 목적이다. 책 내용 또한 이러한 목적에 맞추어 서술하였다.

기업경영은 기술이나 노우하우로 되는 것은 아니다. 어느 정도는 그럴 수도 있겠지만 고객과 직원, 나아가 공동체를 진정 배려하는 인간 중심의 경영이 아니면 장기적으로 지속할 수 없을 것이다.

기업이 존속 가능하려면 끊임없는 고민거리를 해결하여야 한다. 그야말로 지속적으로 고민하는(going concerned, going worried) 것이 회사(going concern)다. 기업이 직면하고 있는 당면 과제는 단연 경쟁력이다. 그러나 이 경쟁력은 여러 가지 다양한 요소들과 밀접하게 연계되어 있다.

우선 급변하고 있는 외부환경이다. 신기술이 하루가 멀다 하고 출시되고, 산업 간 융복합이 대세인 시대가 도래하였다. 소비자 또한 다양한 욕구를 쏟아내어 소량다품종 생산방식이 필수가 되었다. 이러함에도 종전 대량생산방식에서와 같은 효율성도 동시에 추구하지 않으면 안 되는 상황이다.

이에 따라 경영도 진화하고 있다. 과거 대기업의 아날로그 시대의 관료적·수직적 문화가 디지털 시대에 걸맞는 수평적 문화로 급속히 이전하고 있다. 경영의 질도 국제적 규범의 엄격화에 따라 디테일한 부분에까지 세심한 배려 없이는 글로벌 경쟁에서 살아남기 어려운 환경으로 바뀌고 있다. 경쟁력을 기르기 위한 해외 M&A도 자기 목적화하는 데 그쳐서는 자원의 낭비에 불과하다. 인재양성, 핵심 역량의 축적 등 다양한 전제조건을 갖추어야만 성공할 수 있다. 지적재산권 관리도 전략이 필요하게 되었다.

기업이 무엇이기에 수많은 나라에서 전력을 기울여 육성하려 하고 심지어 외국 기업까지도 유치하려고 혈안이 되어 있는가? 일자리는 기업을 통하여 만들어지기 때문이고, 일자리는 인간 존엄성 유지의 필요조건이기 때문이다.

기업 생성과정을 보면 사회 전체가 보듬어 나가야 하는 것임도 쉽게 알 수 있다. 한 사회가 총체적으로 길러 낸 인력을 기업에 공급해 주고, 기술개발을 위한 투자액을 보조해 주고 조세도 우대해 주며, 생산과정에 필요한 전기 등 에너지도 산업용이라는 이름으로 염가로 공급하고, 공장부지도 산업단지라는 제도로 저가로 공급해 준다. 이렇게 만들어 놓은 기업이 잘못되면 온 국민의 손실이지 않는가?

기업 손실의 최대 피해자가 국가와 국민인 것처럼 기업 이익의 최대 수혜자도 국가와 국민이다. 법인이익의 20% 이상(법인실효세율이 24.2%라고 한다)은 늘 국가가 법인세라는 이름으로, 임직원 소득의 40% 이상을 소득세라는 이름으로, 거기에 각종 사회보험료마저 법인으로부터 가져오는 경제구조다.

그런데 기업은 글로벌 시장에서는 물론이고 국내 시장에서조차도 치열한 경쟁환경에 놓여 있다. 시장은 이미국경 없는 상태가 된 지 오래다. 이러한 상황에서 우리가 어떻게 기업을 도와 미래세대의 인간적 존엄을 보장해 줄 것인지에 관하여 지혜를 모아 방안을 강구하고 신속히 실천하며 그리고 끊임없이 개선해 나가야 한다.

그러나 이 책은 기업경영의 바로미터를 밝히고자 하는 데 있지 않다. 경쟁적 환경에서 우리가 어떻게 움직여야 하는지를 생각해 보고자 하는 데 있다. 우리는 여전히 다른 경쟁국에 비하여 뒤떨어진 사고와 행동방식을 고집하고 있지는 않은지 반추하는 데 기여하였으면 하는 바람이다.

경제단체에서 일하며 많은 경영자들과 만날 때마다 그들의 고뇌를 읽을 수 있었다. 여전히 우리는 해야 할 일이 많은 듯하다. 지난해부터 조선일보(2015. 5~12)와 동아일보(2016. 4) 등에 실린 글을 한데 모아 이 책을 내면서 우리 기업들이 좀 더 발전, 성장하기를 기원한다.

2016년 7월

최 선 집

1장

외부환경의 변화

독일에서 불붙고 있는
4차 산업혁명

산업계의 경쟁자들이 합종연횡하고, 국가를 주축으로 이종산업 종사자들이 머리를 맞대는 이른바 coopetition (협력과 경쟁)이 일상화되는 현실이 성큼 우리 눈앞에 다가왔다. 최근에는 신(新)산업혁명이라고까지 불리는 제조업 분야의 IOT(Internet of Things)가 우리의 준비와 각성을 촉구하고 있다.

부품이나 생산장치 등 모든 사물을 네트워크화하여 데이터를 수집하여 생산효율을 대폭적으로 높이는 독일의 이른바 '신산업혁명'에 산업대국인 일본의 기업들조차도 위기감을 느끼고 있다. 독일에서 열린 산업박람회에서는 개발기간의 단축 등 거국적인 기술개발 성과를 어필하였다. 같은 구상을 가지고는 있지만 기업마다 '독자적 전투'를 하고 있는 일본과는 대조적이다.

이른바 사물인터넷(IOT)이다. 자동차, 가전, 공장설비, 주택 등 다양한 사물을 인터넷에 연결하여 센서를 통해 얻은 빅데이터를 분석하여 최적으로 제어하는 시스템으로 화상, 위치, 가동 상황 등 방대한 정보 수집과 분석이 가능하고, 대폭적인 생산 효율화와 정치한 판매예측, 혁신적 서비스 창조 등이 기대된다.

독일 에너지성 차관은, 독일은 산업 4.0을 통하여 향후 5년간 18%의 생산성 향상을 목표로 하고 있다고 했다. 여기서 4.0은 '산업4.0'으로 그야말로 최적의 생산공정을 구현하기 위한 것이다. 이는 '제조업발 IOT'라고 할 수 있다. 그러나 공장뿐만 아니라 거래처, 물류, 에너지 그리고 종업원의 작업방식도 포함하여 전체적인 최적화를 도모하는 것이다. 독일 정부는 2011년에 4.0 구상을 내놓고 여기에 2억2천 유로(약 2,800억 원)을 출연해 각지에서 프로젝트가 진행 중이다.

독일 하노버에서 열린 정보통신기술 박람회(CeBIT)에 출품된 인더스트리 4.0
수도관. 조선일보DB

제조업발 IOT는 증기기관, 대량생산, 컴퓨터에 이은 제 4차 산업혁명이라고 자리매김되고 있다. 여기에 참가하고 있는 기업은 지멘스, 폭스바겐, 보쉬, 도이치텔레콤 등 대기업과 대학, 단체들의 이름이 올라 있다.

이러한 과정의 한 예를 들면, 박람회에 전시된 지멘스의 부스에서는 태블릿(Tablet, 다기능정보단말)에 자동차, 향수 등의 취향을 입력하면 바로 생산라인에 원자재가 투입되어 생산이 시작되는 데모(시범용 프로그램)가 전시된다. 주문을 받아 원자재를 투입하여 생산이 시작되기까지 불필요한 시간을 완전히 없애는 것이다. 이 방식은 현재 이탈리아의 마세라티가 채용하고 있다.

독일의 이러한 '인더스트리4.0'은 원래 일본의 미쓰비시전기가 10년 이상 전부터 'e팩토리'라는 이름으로 추구해 오던 것이다. 그리하여 이러한 제조분야의 IT 활용은 일본이 훨씬 잘하는 분야였다. 그러나 일본 기업의 이러한 방식은 자사 내에 국한되거나 특정 기업과의 연대 정도가 고작이었다.

하지만 독일의 4.0은 '오픈 플랫폼(open platform)'이 특징이다. 즉 외부 개방을 전제로 하고 있다. 남부 독일에 위치한 보쉬의 유압기기공장과 지멘스의 생산기기공장도 4.0 모델이다. 부품이나 장치에 부착한 센서를 통하여 관련 기계들이 최적인 생산량을 스스로 판단하여 가동수준을 자동조정한다. 보쉬는 10% 이상의 생산성 향상과 30% 이상의 재고 삭감을 실현하였다. 이것을 기반으로 시스템 자체의 외부 판매를 시작하여 지멘스와 BMW에 이 같은 모델을 납품하고 있다.

4.0 구상에서는 경쟁자들이 협력하여 솔루션을 찾아내는 것이다. 지멘스는 자신의 취약분야를 보완하기 위하여 클라우드 분야에서 SAP와 제휴하였다. 시장수요나 물류상황 등 공장 밖의 정보를 가질 수 없으면 최적 생산을 실현할 수 없다. 이른바 협력과 경쟁을 동시에 추구하여야 하는 상황이다. 즉 Coopetition(협력과 경쟁)의 대응력이 요구되고 있다.

2015년 1월 5일(현지 시각) 미국 라스베이거스에서 개최된 'CES 2015'에서 삼성전자 윤부근 사장이 '삼성의 인간 중심 기술과 사물 인터넷'이라는 주제로 기조연설을 하고 있다. 블룸버그

히타치 공업의 간부는 일본의 나라 전체를 아우르는 대응이 늦어지고 있다면서 우려를 숨기지 않는다. 히타치는 자사공장에 IOT 기술을 도입하여 컴퓨터 등의 납기를 2016년도에 25% 단축할 계획이라고 한다. 이 같은 시스템도 장래에는 외부 판매를 염두에 두고 있다.

독일산업연맹의 조사에 의하면 독일 기업은 금후 5년간 매출액의 3.3%, 연 40억 유로를 4.0 관련분야에 투입한다. 지멘스의 한 임원은 "4.0의 기술면의 표준화 작업에 참가하고 싶다"면서 규격표준화 만드는 일을 주도하려는 의지를 표명한 바 있다.

미국에서도 2014년에 GE, IBM 등이 IOT 추진 조직을 만들었다. 제품 제작틀을 바꾸는 IOT에 어느 국가가 어느 회사가 잘 대응하는 것만이 살아남을 수 있는 상황이 온 것이다. 제품 생산방식 자체의 우열이 곧 산업경쟁력에 직결될 가능성이 있다. 외신에 실린 이 같은 내용을 접하면서 우리 기업의 현실은 어떤지 염려하지 않을 수 없다.

이 같이 중요한 제조업 혁명도 제조업 종사자의 이해를 바탕으로 한 재배치, 재교육, 직업전환 등이 반드시 필요하다. 독일의 '인터스터리 4.0'보다 더 상위의 구도도 산업현장에서 근로자들의 동의 없이는 한 발자국도 나갈 수 없는 노동시장의 경직성을 개선하지 않고서는 그림 속의 떡이 될 뿐이다.

노동시장의 유연화 없이는 신산업혁명을 받아들일 수 없을 것이므로 이를 어떻게 서로 이해하고 다같이 수용하여 미래 세대들에게 풍요로운 사회를 물려줄 것인가 진지한 고민이 필요하다. 아니, 고민을 넘어 모두의 지혜를 모아 새로운 환경을 조성하여야 할 것이다.

어쩌면 이러한 신산업혁명에 참여하지 못하면 우리는 다시 우리 선조들이 겪었던 행복하지 못하였던 추억을 우리 후손들에게 다시 물려줄 수밖에 없을지도 모른다.

독일 제조업 혁신 '인더스트리 4.0'에 위기감을 느낀 일본

"제조업 혁명의 독일에 뒤질라"

"업계 질서 한순간에 변한다는 위기감 번져"

"일본 기술의 갈라파고스화 우려"

 최근 이런 긴박감을 자아내는 기사 제목이 일본 신문에서 자주 눈에 띈다. 이뿐만 아니라 일본 경제산업성에서 발간하는 『2015년 제조백서』도 4분의 1 가까운 분량에 독일의 '인더스트리 4.0'을 분석하는 데 할애하고 있다. 이 부서의 간부는 "지금부터 움직이지 않으면 세계 우위에 있는 일본의 제조업도 역전되기 쉽다"고 말하고 있다 (니케이 2015. 6. 17).

'인더스트리 4.0'이란 세계의 공장을 인터넷으로 연결하여 제조업의 혁신을 도모하려는 것이다. 독일에서는 대기업, 중소기업, 정보시스템이 인터넷으로 연결되어 제품의 주문, 부품조달, 생산, 배송, 애프터 서비스까지 전 공정을 일치시키는 것을 목표로 하고, 궁극적으로는 조업(操業)과 재고(在庫)에서의 낭비적 요소를 모두 제거하는 것이다.

인더스트리 4.0에선 방대한 정보를 빅데이터 기술로 분석하고, 인공지능(AI)으로 가장 효율적인 생산방법을 찾아내도록 지시한다. 그리고 공장은 항상 관련 정보를 바탕으로 소량다품종(少量多品種) 생산방식 아래서도 손실을 줄여 대량생산(大量生産)과 동일한 방식으로 효율을 높인다. 즉 제조과정에서 관련부문 간의 '소통'을 늘려 생산성을 극대화하여 결국 새로운 제조업 혁명을 일으키게 될 것이라는 분석이다. 이러한 제조업 혁명이 정착되면 제조업계의 질서는 순식간에 바뀌게 된다. 이를 주도하고 있는 것이 제조업 입국을 표방하는 독일이니 일본이 긴장하지 않을 수 없다.

위키피디아

여기에 일본의 독일 대항팀으로 꾸려진 것이 IVI(Industrial Value-chain-Initiative)이다. 이 팀에는 미쓰비시전기, 후지쓰, 닛산자동차, 파나소닉 등 전기, 정보, 기계, 자동차의 주요 기업 등 일본 국내 기업 30개사가 참여한다.

IVI가 촉각을 곤두세우는 것은 독일이 이를 통하여 '대량맞춤(Mass Customization)'으로 지금과는 다른 차원으로 발전하게 되는 것이다. Mass Customization은 컴퓨터를 이용한 유연한 제조방식으로 개별적 고객의 취향에 적합한 제품을 제조하는 것을 가리킨다. 저비용의 대량생산 프로세스와 유연한 특수주문품(personalized products) 제조 프로세스를 결합한 시스템이다. 대량생산에 가까운 생산성을 보유하면서도 개개의 고객의 수요를 반영한 제품이나 서비스를 생산하는 것을 의미한다. 독일의 지멘스 암벡 공장에서는 가시적 성과가 나타나고 있다. 약 1,000종 이상의 제품을 연간 1,200만 개 생산한다고 한다.

독일은 정부와 기업, 학계가 손잡고 인더스트리 4.0의 2020년까지의 로드맵을 내놓고 2015년 봄에는 독자의 통신규격, 센서, 제어기기 등 '전용기기'도 발표하였다. 그 대부분이 독일제다. 규격을 장악하게 되면 비즈니스 영향력은 커지게 된다.

최근 4.0을 진행하고 있는 독일의 유력 기업은 제조업의 인터넷 활용을 도모하는 미국 기업에 접근하여 이 기업도 이 같은 규격 만들기에 참가하였다.

우리 정부도 2015년 3월 '제조업 혁신 3.0 전략'을 발표하여 추진 중이다. 스마트 산업혁명에 대응하기 위한 방안으로 스마트 생산방식 확산을 추진 방향으로 잡았다. 스마트 공장을 보급·확산하고 주요 스마트 제조기술을 개발하여 제조업의 소프트 파워를 강화하겠다는 것이다. 그러나 이러한 계획을 수립하였다 하여 그대로 이루어지는 것이 아니다.

먼저 우리나라 제조업의 생태계가 세계 일류 수준인지도 되짚어 보아야 한다. 개선할 점이 많다고 생각되면 이를 개선해 나가는 작업도 늦추어서는 안 될 것이다. IT 인프라 보유면에서는 우월적 지위에 있다 하여도 스마트 기술 수준은 미국과 비교해 센서, CPS(cyber physical system), 사물인터넷, 빅데이터 등 모든 부문에서 아직 70~80% 수준에 불과하다. 이 점을 고려하여 정부와 기업이 움직여야 한다.

전략 선택에도 전략이 필요하다는 게 오늘의 현실이다(Strategies for choosing a strategy). 독일 등 표준화 작업과정을 주도하는 단체들과 긴밀한 관계를 유지하면서 정보를 수집하고 기술을 사용하여 어떤 사업을 만들어 낼까에 지혜를 모아야 한다.

인터넷을 활용하는 4.0은 인공지능, 빅데이터 기술이 주된 효력을 발휘한다. 이 분야는 무인자동차나 로봇기술과 마찬가지로 급속히 진보한다. 이로 인하여 변화하는 것은 제조현장만이 아니다. 비즈니스 모델 전반을 혁신하지 못하면 생각하지도 못한 나락으로 한국 경제가 추락할 수 있다.

국제정치에는 영원한 적도
영원한 맹방도 없다

미국 법원이 모디 총리에게 소환장을 발부했으나…

2015년 5월 한국을 방문한 인도 모디 총리는 "인도에서 크리켓팀이 승리하면 강남스타일을 추면서 자축한다"면서 "이제는 인도인들의 마음과 팔다리에까지 한국의 모습이 보인다"고 말했다. 과거 인연에 대해서는 "예전에 혜초 스님이 인도를 다녀가셨던 곳이 바로 베나레스, 내 선거구"라면서 친근감을 자아냈다.

모디 총리는 주지사 시절인 2002년 인도 힌두교도에 의해 2만여 명의 무슬림이 학살당한 사건(고드라 사건)을 방관

하였다는 의혹이 있어 2005년 미국 비자 발급이 거부되는 수모를 겪기도 하였다. 그러나 인도 총리에 당선되자 오히려 미국 국빈 방문을 초청받게 되었다. 미국의 중국 견제, IS 격퇴를 위한 인도의 협조 그리고 경제적 실리를 얻는 데 인도의 도움이 필요하기 때문이다. 국빈 방문 중에 미국 법원이 모디 총리에게 고드라 사건과 관련해 소환장을 발부했으나 미국 정부는 소환에 응할 필요가 없다고 변호까지 했다.

중국 시진핑 주석은 작년에 인도 국빈 방문을 시작하여 올해는 모디 총리를 국빈 초청하였다. 중국이 구상하고 있는 해상 실크로드를 완성하려면 인도의 협력이 필수적이기 때문이다.

또한 인도가 미국·일본과 함께 해상패권을 쥐게 되면 중국의 안보에 위해가 된다. 실제로 일본은 모디 총리가 일본을 방문했을 때 교토까지 나와 영접하고 500억 엔이라는 적지 않은 차관 제공을 약속하면서 공을 들였다.

인도 모디 총리. 조선일보DB

그러나 인도와 중국은 1962년 이래 카슈미르 지역에 대한 영토분쟁 중이다. 2013년에는 이 지역에 양국 군대가 대치하는 일도 있었다. 사정이 이러한데도 2015년 5월 인도의 모디 총리가 중국을 방문하여 양국간에 고속철 프로젝트를 포함한 약 100억 달러에 이르는 경협을 체결하였다. 얽히고설키고 하는 가운데 영원한 적도 영원한 맹방도 없는 것이 국제정치의 현실이다. 이런 냉혹한 현실은 산업 및 경제면에서도 마찬가지다.

전략적 제휴시대

지금은 기업 간 춘추전국시대라고 할 수 있는 제휴시대 (An Age of Alliance)다. 영원한 경쟁자도 없고 영원한 협조자도 없어 보인다. 그리하여 협력(Cooperation)과 경쟁(Competition)이 혼재하는 Coopetition 시대(An Age of Coopetition)라고도 할 수 있다.

어떤 산업에서는 새로운 기술개발에 천문학적 비용이 들어 아무리 큰 기업이라도 혼자서 부담하기에는 벅찬 경우가 있다. 그 기술에만 매달렸다가 결과적으로 그 기술이 상용화되지 못하거나 개발이 실패로 끝날 경우 생길 수 있는 부담을 혼자서 감당하기 힘들다.

자동차산업이 대표적이다. 전기차, 수소차, 하이브리드 엔진 개발, 무인차 개발 등도 하여야 하지만, 한편으로는 기존의 휘발유, 디젤 엔진의 경우에도 이를 규제당국의 수준에 맞춰 이산화탄소 배출량을 줄이는 기술을 개발하여야 하는 등 부담이 상당하다. 이 분야에서 자동차회사 간의 합종연횡은 눈이 어지러울 정도다.

세계 최대 완성차 회사로 등극한 토요타도 연료전지차 개발을 위하여 BMW와 제휴하고, 포드자동차도 고효율 기어박스(high-efficiency gearbox) 개발 분야에서 미국 내 최대 라이벌인 GM과 제휴하고, 벤츠 생산회사인 다임러도 연료전지차 개발을 위하여 포드와 르노, 일본의 닛산과 협조체제를 점차 강화하고 있다. 또한 토요타는 마츠다와 포괄제휴를 하였고, 마츠다는 이탈리아의 피아트에 스포츠카를 공급하기로 하였다. 그리고 토요타는 후지중공업과 스포츠카 공동개발을 위하여 제휴하였다. 혼다와 GM도 연료전지차 공동개발을 약속하고 진행중이다.

항공기 산업분야에서도 예외는 아니다. 직접적 경쟁 사업자 사이뿐만 아니라 제조사와 납품업체 사이에서도 제휴가 점차 빈번히 일어나고 있다. 휴대폰 분야도 마찬가지다. 삼성과 애플은 시장에서 치열하게 경쟁하고, 법정에서도 특허권을 둘러싸고 투쟁을 불사하지만, 반도체 디자인 부분에서는 제휴하고 있다.

제휴의 또 다른 동인(動因, momentum)은 서로 다른 사업 분야에서의 협업이 점차 필요해지고 있기 때문이다. 산업의 고도화와 전문화가 진행되고 있는 반면, 기술 융합이 필요한 영역이 점차 늘어나고 있기 때문에 이종(異種) 사업자 간의 제휴가 요구된다.

독일의 최대 보험회사인 알리안츠가 구글과 팀을 이루어 데이터 분석을 통한 보험시장에서의 디지털 기반사업을 확충하기 위한 '디지털 액셀러레이터' 센터를 뮌헨에 설립하였다. 휴대폰 운용사업자들은 금융기관과 협조하여 모바일 결제(mobile payments) 시장을 만들고 있는 것 등이 이러한 경우다.

국경을 넘어 이루어지는 제휴도 증가일로에 있다. 서방 기업들은 생산비용을 줄이기 위하여 발전도상국 회사와 손을 잡으려 하고, 이머징 마켓 기업들은 글로벌 진출을 위하여 서방 기업들을 찾아 도움을 받으려 한다. 인도의 닥터 레디라는 제약회사는 독일 머크와 손을 잡고 저가의 암치료법에 대해 연구하고 있다. 인도 회사는 초기 약품 개발과 임상실험을, 독일 회사는 제조와 후기 임상실험을 담당하기로 하였다.

제휴의 또 다른 모멘텀은 소비자를 잡기 위해서도 생긴다. 온라인 쇼핑이 점차 확장되어 가자 오프라인 숍을 운영하는 사업자들이 위기감을 느끼게 되었기 때문이다.

일본의 의류소매업 회사인 유니클로는 스타벅스와 손잡고 뉴욕에 있는 3만 평방미터에 이르는 매장에 커피점을 입점케 하고, 가까이 있는 뉴욕 현대미술관(Museum of Modern Art)과도 제휴하여 앤디 워홀(Andy Warhol)과 잭슨 폴락(Jackson Pollock)의 작품 복제품을 티셔츠 등에 넣어 사용하고 있다.

유니클로 콜라보 캠페인을 알리는 홈페이지

이 모든 것이 온라인 구매자들을 오프라인 숍으로 불러 들이기 위한 방안이다. 스웨덴 의류업체 H&M은 헌옷을 가져오면 새로 구매하는 옷을 할인해 주고, 이를 활성화하 기 위해 I:CO라는 운송회사와 손잡고 이 회사가 중고시장 에 옷을 실어보내고 나머지는 재활용하는 곳으로 보낸다.

일본 차부품 회사들이 독일 차 회사에 납품하는 비결

업무 제휴가 더 발전하게 되면 합작회사로 연결되어 비약적인 발전의 기회를 맞이하기도 한다. 지금 일본의 자동차 부품회사들은 이 같은 업무 제휴 기업과 합작으로 외국에 공장을 짓고 합작 파트너가 가지고 있던 완성차 업체와의 관계를 타고 들어가 납품권도 얻어내고 있다.

일본의 리켄(Riken)이라는 엔진부품 제조사는 업무제휴 관계가 있었던 독일의 KS골벤슈미트사와 합작으로 중국에 공장을 세워 피스톤링을 생산하여 KS골벤슈미트의 공급처였던 폭스바겐과 다임러에 판매할 예정이다. 2020년도에는 그 판매량이 75억 엔(약 750억 원)에 이를 것으로 전망한다.

이 같은 중견기업 중에는 업무제휴 기업의 사업 일부를 매수하여 이를 기반으로 그 회사와 함께 합작회사를 설립하는 경우도 있다. 일본의 니후코(Nifco)라는 회사는 자동차 인테리어업을 하는 중견기업인데 독일의 KTW와 합작하여 이 회사의 납품회사였던 BMW에 납품할 예정이다. 이로써 미국 · 유럽 완성차 업계에 대한 납품 비중을 14% 에서 25%로 비약적으로 증가시킬 전망이다. 산노공업(三櫻工業)주식회사는 독일의 가이가와 중국에 합작공장을 설립하여 자동차용 브레이크 배관을 BMW에 납품할 예정이다.

일본의 중견기업인 자동차 부품회사들은 완성차 회사들과 자본관계를 가지고 있는 계열기업이 대부분이다. 특히 중견기업은 사업규모가 작고 자금력이 부족하여 해외공장 신설은 납품처인 일본계 완성차 업계와 동반진출이 대부분이었다. 글로벌화가 진행됨에 따라 일본 차에는 일본계 부품이라는 구도가 허물어지고 있다고 한다. 이는 일본계 완성차 업계에 목을 매고 있는 한 성장은 곤란하다는 인식이다. 우리나라 중견기업의 지향점도 글로벌화라는 점에서 이와 크게 다르지 않다.

스위스는 독일어, 프랑스어, 이탈리아어 그리고 로만쉬어(스위스 지방언어) 등 무려 4개 언어를 사용하는 나라다.

그러나 이러한 나라도 공통의 목적을 위한 것이라면 연합하여 하나의 국가로 세계에서 가장 잘 사는 나라 중의 하나가 되었다. 영국 수상이었던 파머스턴(H. J. Palmerston)은 "영원한 동맹국도, 영원한 적도 없고, 오직 영원한 이익만이 있을 뿐이다"라고 말한 적이 있다.

우리 기업의 성장발전은 젊은이들에게 양질의 일자리를 제공하고, 장기적으로는 통일기반 조성의 핵심적 요소라고 할 수 있다. 기업은 성장발전을 위하여 경쟁자와 제휴·협조를 망설일 이유가 없을 것이다. 더구나 제조업 강국에서 제조업 혁명을 불러일으키는 현실을 감안하면 제휴와 협조는 선택이 아닌 필수가 되었다. 정치권은 이러한 '국가이익'을 위하여 최대한 정치적 문제들을 잘 해결해 주기를 기대해 본다.

스마트폰에 밀려 망한
노키아의 생존전략

미국의 유력기업이자 세계적 기업인 제너럴 일렉트릭 (GE)은 금융산업의 규제강화로 수익력이 떨어진 금융자회사 GE 캐피탈이 가지고 있던 부동산과 금융자산의 매각을 추진하고 있다.

그리고 종전에는 유력한 수익원이었던 금융사업을 축소하여 2015년 1분기에만 16조 원의 적자를 기록하였다. 하지만 향후 가스터빈, 항공기 엔진 등의 분야에 경영자원을 집중시켜 수익기반을 안정화하겠다는 계산이다.

노키아 공장 전경. AP

미국 야후는 일본 야후 주식의 매각을 추진하고 있다. 시장변화에 대응이 늦었던 스마트폰 관련사업을 강화하기 위한 M&A 자금을 마련하기 위한 것이다. 사업매각이나 M&A로 사업모델을 민첩하게 바꾸는 기업이 속속 등장하는 것은 미국에만 두드러진 현상이 아니다.

핀란드의 거대기업인 노키아는 프랑스 기업인 알카텔루슨트(Alcatel-Lucent)의 매수를 발표하였다. 종래 세계 수위의 휴대폰 단말기 사업을 매각한 노키아가 기지국 등 통신인프라 사업을 주된 수익원으로 전략을 바꾼 것이다. 이같은 매수로 단숨에 새로운 수익기반을 확충한 셈이다.

미국과 유럽만이 아닌, 아시아에서도 M&A를 성장전략으로 하는 기업이 증가하고 있다. 인도의 실리콘밸리라고 하는 벵갈루루에 있는 인도 벤처의 신화인 IT업체 인포시스는 정보기술의 세계적 기업인 독일의 SAP 최고경영자를 영입하여 2015년에 미국 IT 관련 2개 회사의 매수를 발표하였다.

일본의 경우, 금융위기 이후 주로 경비 삭감을 실적 회복 대책으로 하던 관행에서 탈피하고 있는 듯하다. 총자산이 우리 돈으로 360조 원이 넘는 일본 생명보험업계 3위 업체인 메이지야스다(明治安田) 생명보험회사는 7월에 미국 30위권 생명보험회사그룹인 스탠코프파이낸셜그룹을 6조 원 이상을 주고 매수하였다. 이는 일본 국내의 인구감소에 위기감을 느낀 일본 생보사들이 미국 시장에 대한 적극적 공략을 시작하였다는 것을 의미한다.

일본 손해보험회사나 생명보험회사가 기존에 중국, 태국, 베트남, 인도, 인도네시아 등 아시아에 편중하였던 관행에서 벗어나 최근 미국, 영국, 호주 등 보험회사의 매수에 적극 나서고 있다. 하지만 일본 내 다른 업종의 전반적인 관행에 비추어 보면 흔한 일이 아니다.

우리나라도 이 같은 움직임이 없는 것은 아니다. 삼성전자가 미국의 모바일 결제 솔루션업체인 루프페이를 인수한다는 발표가 8월에 나왔다. 이 업체는 마그네틱 보안전송 관련 특허기술을 보유하고 있다. 삼성전자가 삼성페이를 시작하여 모바일페이 분야에서 애플에 뒤진 상황을 역전시키려는 노력의 일환이다. 그러나 아직 이 같은 M&A를 통한 사업 재편 현상은 우리 산업계 전반의 상황과는 거리가 있다.

금융 위기 후의 일본 기업은 주로 경비 삭감을 실적 회복 전략으로 사용하여 온 것에 대하여 반성하고, 세계를 무대로 한 차원 높은 경쟁력을 가지기 위하여는 성역을 가리지 않는 유연한 사업구조 재편이 시급하다고 촉구하고 있다.

전시(戰時)의 CEO가 필요하다

　세계에서 가장 우수한 인재와 자금이 몰리고 있는 미국의 실리콘밸리에서 기업의 CEO에게 필요한 것은 경영능력보다는 오히려 창조능력이라고 한다. 전문경영자는 혁신을 일으키지 않는다는 데 문제가 있다는 지적이다.

　과거와 달리 지금은 "아마존닷컴의 클라우드 서비스인 'AWS'와 몇 사람의 엔지니어, 그리고 노트북만 있으면 창업이 가능한 시대"다. "회사 경영 경험은 물론이고 회사 근무 경험도 그다지 중요하지 않은 시대"가 되었다. 그래서 지금은 "경영의 잘잘못보다는 창조력이 이전보다 훨씬 더 중요해졌다"고 한다.

혁신적인 제품을 만들어 낸 애플의 스티브 잡스(오른쪽)와 기업 운영을 담당한 팀 쿡(왼쪽). 조선일보DB

회사 경영자를 평시(平時)의 CEO와 전시(戰時)의 CEO로 분류한 "Hard Things"(원제는 "The Hard Thing about Hard Things")의 저자 벤 호로위츠는 기업매수 등의 결단은 대단히 신속하게 결정해야 하는 것인 반면에 광고사업 등의 경우는 과감히 권한을 이양해야 한다고 했다.

이러한 신속한 M&A 결정을 하려면 장기적 사업구상이 필수적이다. 회사, 시장, 고객, 제품에 대하여 오랜 시간 그 적용을 심사숙고하여야 한다. CEO는 좋은 아이디어라고 생각하는데 모두 반대하였으나 결과적으로 성공하면 성공한 CEO가 되지만, 모든 사람이 찬성하였는데 실패하면 용서받을 수는 있어도 성공한 CEO는 되지 못한다.

그래서 창조력이 요구되는 것이다. 창조력은 없는 것을 새로이 만들어 내는 능력이라기보다는, 이미 존재하나 남들이 알아채지 못하고 있는 것을 발견해 내는 것이다. 신소재 발명도 알고 보면 기존에 존재하는 것을 새로이 조합하는 것이라는 점을 생각해 보면 이해가 간다.

우리는 다른 나라의 경쟁자들과 함께 뛰고 있는 세상을 살고 있다. 남들이 뛰는 속도와 방법을 급속히 바꾸고 있다. 경영의 진화가 이루어지고 있다. 모두의 지혜와 협조와 격려가 점점 더 필요해져 가고 있다. 우리 자녀들에게 좋은 사회를 물려주고, 지난날의 서러움과 한을 되풀이하지 않게 하여야 하지 않을까?

해외 M&A의 성공 요소

해외 M&A 확대하고 있는 일본 기업

일본 기업의 해외 M&A 규모가 날로 확대되고 있다. 일본경제신문에 의하면 2014년에는 약 6조 엔이었으나 2015년에는 상반기만으로도 약 6조 엔에 가까운 금액을 해외 M&A에 쏟아부었다. 건수 기준으로도 매년 500건 이상의 거래를 기록하고 있다. 더구나 우리 돈으로 환산하여 수십 조 원에 이르는 막대한 해외 기업을 십여 년 넘게 계속 사들이고 있다.

일본에서 글로벌화를 부르짖은 지는 오래되었다. 그러

돈 쌓인 일본 기업. 조선일보DB

함에도 해외 M&A 때 극복해야 할 과제가 많다는 지적이
다. 해외 M&A는 이제까지 쌓아 두어 잠자고 있던 잉여자
금과 외부자금을 활용하여 성장력이 큰 해외 사업기반을
강화하는 것이 목적이다.

성공한 M&A가 되려면, 매수자 측에서 제공할 수 있는 시너지의 원천(源泉)이 구체적으로 존재하여야 하고, 그것을 새로이 매수한 기업 소재지인 해외에서 전개함에 따라 실질적으로 가치를 향상시킬 수 있어야 한다. 단순히 자금력에 기인한 구심력이 아닌 독자의 기술, 노하우, 효율적 경영 등 자금 이외에, 새로이 매수한 기업에 제공할 수 있는 실질적 가치가 존재하여야 한다. 이는 M&A 성공의 중요한 요소다.

해외 M&A에서 이중기준경영(double standard management)의 문제도 있다. 매수자 측 국내 기업보다 해외에 있는 피매수 기업의 각종 지표가 훨씬 양호한 경우, 해외 피매수 기업의 업적 개선을 촉구하여도 설득력이 없다. 더 부실한 국내사업을 그대로 두고 이보다 더 좋은 실적을 내고 있는 해외사업을 독려한다는 것이 어찌 이상하지 않겠는가? 대개 해외사업은 해외대로, 국내사업은 국내대로 인정하면서 이중기준을 가지고 마치 독립된 회사처럼 경영(arm's length type)하게 된다.

그러나 이렇게 해서는 해외 M&A를 통하여, 해외에 있는 다른 회사를 사들여 국내의 사업개혁을 추진하려는 원동력을 얻을 수 없다. 이러한 가치 또한 M&A의 중요한 가치이다. 이러한 이중기준의 사고에는 유럽이나 미국 기업의 경우, 조직운영방법이나 인사제도 등을 업적지상주의로 하고 있지만, 일본의 경우는 장기적 안정고용을 전제로 하는 가족주의적 경영방식의 차이를 든다. 그러나 고객중심, 고용중시 그리고 장기지향의 경영은 구미계도 지향하는 시대가 되었다. 더구나 이러한 지향점을 가진 구미계 기업 중에도 고수익 체질로 높은 성장력을 구가하고 있는 기업도 많다.

한국 중견기업들이 글로벌 M&A에 나서기 어려운 이유

이에 앞서 출발점에서 고려하여야 할 문제도 있다. 매수하는 것 자체가 목적이 되는 이른바 M&A의 자기목적화 문제이다. 이는 낙관적인 업적 예상, 실현 가능성이 높지 않은 시너지마저 매수가격의 프리미엄에 넣어 고액의 프리미엄을 정당화하는 경향이 있다는 점이다.

매수 기업의 시가에 더하여 지불하는 프리미엄은 이론상으로는 매수 후에 새롭게 창출될 가치의 일부를 매도인 측에 분배하는 것이다. 매수 후에 이 가격을 넘는 가치를 실현하지 못하게 되면 매수에 의하여 오히려 자사의 가치를 훼손하게 된다. 프리미엄의 원천은 시너지 효과이므로 용이한 일은 아니지만, 이를 가급적 객관적으로 정밀하게 산출하여야 한다.

　해외 기업 매수 후 일반적으로 일본 기업이 취하는 경영형태는, 매수한 기업의 기존 경영진을 그대로 두고 일본의 조직이나 사업과는 일정한 거리를 둔 채로 경영한다. 마치 사들인 해외 기업을 제3자인 것처럼 경영하는 arm's length type의 경영이다. 이는 현장의 혼란을 최소화하고, 당장은 경영의 지속성을 중시한 현실적인 선택일 수 있다.

　그러나 이는 일본 기업 내에 해외 기업을 경영할 능력이나 인재가 없다는 반증일 수 있다. 경영이 순조롭게 될 경우에는 당장 문제가 드러나지 않을 수 있지만, 실적이 악화되면 상황파악이 늦어지고, 상황에 맞는 정확한 대응이 불가능하여 대규모 손실로 연결될 수 있다. 이러한 경영은 오너십이 변경되는 것을 계기로 개혁을 추진하려는 M&A의 본래적 가치와는 상당한 거리가 있다.

이처럼 해외 M&A는 고도의 축적된 경영 노하우를 필요로 한다. 해외 제품을 수입하거나 국내 생산제품을 해외로 수출하는 것과는 비교가 되지 않는다. 낙관적인 높은 가격으로 사들인 해외 기업은 경영에 엄청난 스트레스를 준다. 성공한 M&A를 만들려면 매수자 측에 시너지의 원천이 존재하여야 한다.

그런데 한국의 중견기업은 중소기업을 졸업하는 순간 '중소기업적합업종' 혹은 '중소기업 간 경쟁제품'이라는 이름으로 종전부터 해 오던 사업 자체가 불가능한 영역이 많다. 이러한 제도의 이면에는 어떤 생각이 전제되어 있는 것인가? "중견기업은 다 자란 기업이니 이제는 국내 시장은 잊어버리고 글로벌 진출을 하라"는 것이다. 국내 사업활동이 없는데 어찌 시너지를 낼 것이며, 어찌 경영 노하우가 생길 것인가?

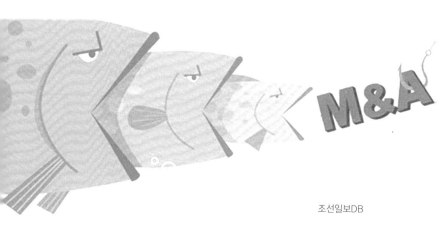

    중견기업의 해외진출에 도움이 되는 시책이 없는 것은 아니지만 여전히 미약하다. 산업에 따라서는 중견기업 하나에 수십 개의 중소기업이 관련되어 있는데도 말이다. '각론 없는 총론' 사회의 담론은 언제나 이런 정도에 머무르는 것인가?

    일본에는 이러한 판로 규제가 없다. 중소기업을 우대는 해 주지만 중소기업이 아니라고 하여 규제를 가하지는 않는다.

우리 산업의 국제경쟁력,
어디서 기를 것인가?

월스트리트 저널은 인도 수상과 독일 메르켈 총리와의 만남을 소개하면서, 인도 수상 나렌드라 모디가 독일의 자동차, 제약, 정보통신 분야의 회사를 인도가 사들일 수 있다는 사실을 확인했다고 전했다. 독일에서 열리는 세계 최대 산업무역박람회인 '하노버 메세'에 독일 투자가들의 인도 투자를 유치하기 위해 참석한 모디 수상이 메르켈 총리를 만나면서, 오히려 인도가 독일의 기업을 매수할 수 있다는 것을 알게 된 것이다.

실제로 인도는 2005년부터 2013년까지 BRICS(브라질, 러시아, 인도, 중국, 남아프리카공화국)가 사들인 독일 기업 128개

중 35%를 매입했다. 이는 러시아보다는 적지만 중국보다는 많은 것으로, 금액을 따져보면 2013년에만 6,100만 유로에 이른다. 월스트리트 저널은 인도 회사가 인수합병(M&A)한 회사는 모두 독일의 중소기업인 미텔슈탄트※이며, 가족회사(family-owned company)가 대부분이라는 점도 강조했다.

인도의 산업기술력 향상을 위한 노력

이 기사에서 우리는 인도 등 개발도상국가가 국제경쟁력 확보를 위하여 얼마나 많은 노력을 하고 있는지를 엿볼 수 있다. 인도는 독일의 앞선 기술력을 확보하기 위하여 그동안 자국 산업 M&A를 촉진하기 위해 택하고 있던 해외에서의 기업 매수에 가하던 규제를 해제하기도 했다. 물론 국내에서의 M&A로 기업들의 기술력이 높아지는 경우도 있지만, 이러한 처방만으로는 기술력 향상에 한계가

※ Mittelstand : 종업원 500명 이하, 연 매출액 5천만 유로 이하의 기업으로 독일 전체 고용의 3분의 1을 차지함.

있고, 이는 당해 사업에 종사하고 있는 기업이 정부보다 훨씬 더 잘 알고 있을 것이다. 그리하여 인도 기업은 2009년도 대독일 투자규모의 7배나 달하는 6,100만 유로를 4년이 지난 시점인 2013년에 투자하게 된 것이다.

인도 기업들은 장기적인 투자에 관심이 높고, 소위 '먹튀' 이미지를 갖고 있는 사모펀드(private equity firm)들과는 달리 장기 비전에 따라 움직인다는 점 때문에, 인도로 넘어간 독일 기업은 인도의 회사들에 대해서도 우호적이라고 한다. 인도로 넘어간 독일 기업이 대부분 가족회사이기 때문에, 오랫동안 가족들이 모든 역량을 쏟아 만든 회사가 비록 일시적인 유동성 위기에 봉착하여, 혹은 다른 연유로 매각된 경우에도 자신들의 분신과 같은 회사가 지속적으로 잘 되기를 바라는 것은 지극히 당연한 일이다.

이는 비단 독일 기업인들만의 정서는 아닐 것이다. 독일의 우수한 기술력에 매력을 느낀 많은 해외 기업들이 기업매수 입찰에 참여하였지만, 인도 기업의 이같은 좋은 이미지가 독일 기업의 마음을 움직인 것으로 보고 있다.

이렇듯 상세한 정서적인 면까지 국제적 M&A에서는 중요시된다. "The devil is in the detail"이니 디테일 경영이니 하는 이야기가 이러한 측면에서도 적용된다고 할 수 있다.

사실 이와 같은 인도 관련 기사는 인도의 재벌기업인 PGM Group of Industries가 사우디아라비아에서의 계약수주 건에서 경쟁자였던 독일의 Rail.One을 사들인 것을 계기로 신문에 실렸다. 인도 기업이 국내 시장에서 경쟁력을 쌓아 해외로 진출하는 단계에서 국제적인 경쟁력 향상을 절감하였을 것이다. 이 같은 기사는 우리나라의 경우와 비교하여 시사하는 바가 크다.

중견기업의 국제경쟁력 확보 방안의 필요성

우리나라의 중견기업은 중소기업을 졸업하였다는 이유로 보호와 육성은 고사하고 규제까지 받고 있다. 중소기업 적합업종으로 지정된 업종에는 더 이상의 사업이 불가하고, 중소기업 간 경쟁제품으로 지정받은 업종은 공공조달 시장에서의 입찰참여가 금지된다.

국내 시장에서 경쟁력이 확보되지 못한 채 어떻게 글로벌 성장(global expansion)을 추구할 수 있겠는가? 더구나 중소기업 적합업종으로 보호받아 자라온 중소기업이 중견기업이 되면 그동안 해 오던 사업 자체를 수행하는 게 금지되는 것과 같은 결과가 되어 국내에서의 경쟁력은 거의 제로에 가깝게 된다. 물론 이러한 판로규제 업종은 국제적 경쟁과는 관계 없는 부문만으로 결정하므로 지나친 우려라고 할 수도 있으나, 요즘 서비스산업을 보면 그렇게 안이하게 볼 수만은 없다. 한 시골의 작은 커피집이 전 세계로 사업을 확장하고 있는 현실을 우리는 어떻게 보고 있는가?

한국의 중견기업은 2세 경영자가 있기는 하나 대부분 창업자로 이루어져 있다. 그 기업의 대부분은 독일과 마찬가지로 가족회사다. 그러나 한국 중견기업의 절반 정도는 대기업의 성장에 따라 커 온 의존형이고 나머지 반이 거래선이 다변화된 비의존형이라고 할 수 있다.

그 성격이 어떠하든지간에 중견기업이 기업가 정신을 바탕으로 지속적인 성장을 구가하여야만 우리의 미래도 밝아지게 된다. 그러기 위해서는 국제경쟁력 배양이 중요한 중소기업의 육성·지원만으로는 우리 산업의 국제경쟁력이 확보되지 않으므로 이와는 별개로 중견기업의 국제경쟁력 확보 방안을 마련해야 한다.

미국 디스커버리 제도에
비상 걸린 한국 기업

우리 대법원이 미국 소송법상의 디스커버리(Discovery, 證據開示) 제도 도입을 검토한다고 한다. 빠르면 연내 시행도 가능하다고 보도되고 있다. 이 제도를 통하여 실체적 진실 발견을 도모하고 재판의 신뢰성을 높일 수 있다는 생각이 든다.

디스커버리 제도란 법정에서 사실심리를 진행하기 전에 실시하는 증거개시 절차를 말한다. 미국 민사소송에서는 일부 문서를 제외하고 원·피고가 서로 요구하는 문서, 데이터 등을 제출하는 것이 의무화되어 있다. 위반시에는 엄격한 제재가 따른다.

영미법은 실체적 진실 발견을 최우선으로 하므로 증거 개시를 중시한다. 증거개시 과정에서 승패가 가려지는 경우가 대부분이어서 소송의 90% 이상이 화해로 종결된다. 디스커버리 제도는 이러한 이유로 미국 민사소송의 하이라이트라고 일컬어진다.

얼마 전 미국 법무부에서 전두환 전 대통령의 아들 전재용 씨의 미국 내 은닉재산에 대해 소송을 벌이면서 이 제도를 활용했다. 전재용 씨는 디스커버리에 들어가면 미국 내 금융거래 내역을 모두 내놓아야 하기 때문에 부담감을 느끼고 미국 법무부의 요구를 수용해 화해하고 사건을 종결지었다.

미국에서 사업활동을 하는 일본 대기업도 디스커버리의 공포가 몸에 배어 있는 기업은 일부이다. 중견 이하의 기업으로 가면 미국 소송에 견디어 낼 사내 체제를 갖추고 있는 기업은 아주 일부라고 한다. 우리의 경우는 이보다 더 심각한 상황이다.

조선일보DB

미국에 거점이 없는 기업이라도 미국 소송에 휘말려들 가능성은 열려 있다. 국내에 공급하거나 제3국에 공급한 부품이 제품에 장착되어 미국에서 팔렸는데 결함이 생겨 피소되는 경우가 그렇다. 실제로 대만의 중소기업들이 납품한 부품으로 미국 자동차 회사에서 자동차를 만들어 미국에서 판매되었는데, 그 후 자동차의 결함으로 사고가 나서 대만 부품회사가 피소된 사례가 많다.

한국의 중견, 중소기업도 해외 비즈니스가 증대함에 따라 소송 리스크가 확실히 증가하였는데도 이에 대한 위기감이 없다. 준비가 없으면 증거보전의 불비 등의 이유로 어려움을 겪을 우려가 크다. 그러나 두려움이 있다고 하여 주저할 수는 없다. 주저하거나 준비하지 못하여 당하는 다른 회사들이 있는 틈을 기회로 준비하면 오히려 남보다 한 발 쉽게 다가갈 수도 있을 것이다.

하지만 이 제도는 많은 시간과 노력을 필요로 한다. 이 제도는 원·피고 쌍방에게 방대한 양의 문서 등 증거를 제출하게 하여 이에 응하지 아니하는 경우 상당한 징벌적

배상을 부과하므로 기업에 큰 부담이 된다. 미국에서는 이러한 부담을 줄이기 위한 규칙 개정이 진행 중이다. 수백만 페이지에 이르는 문서를 제출하여도 실제로 증거로 사용되는 것은 이 중 0.1% 이하인 경우도 있다.

이러한 부담을 줄이기 위해 두 가지 각도에서 검토가 이루어지고 있다. 먼저, 개시하는 증거 범위를 제한하는 방안이다. 개정안 26조는 증거개시에 의하여 얻어질 수 있는 이익이 상대방의 부담을 상회하는지 여부를 고려하여 개시 범위를 결정한다는 것이다. 이익과 부담을 형량하여 결정한다는 규정이다. 100만 달러의 손배를 구하는 소송에서 증거개시로 상대방의 비용부담이 500만 달러에 이르고, 쟁점과의 관련성이 희박한 경우에는 증거개시 요구가 받아들여지지 않을 가능성이 높다.

다른 하나는 이메일 등 전자정보의 보전 위반에 대한 제재를 억제하는 방안이다. 종래에는 소송을 예기치 못한 시점에서 정보를 삭제하였더라도 그것을 은폐행위로 볼 것인지를 두고 기준이 애매하였고 법원의 판단도 일관되지 못하였다. 개정안은 제재(制裁)를 부과하는 조건으로 고의로 삭제한 경우 등 두 가지를 제시하여 과잉제재를 방지하려고 한다.

이러한 개정안이 시행되면 만약의 경우를 위해 회사로서는 다량의 사내문서나 데이터 등을 보존해 둘 필요가 없어지고, 따라서 소송비용도 줄일 수 있게 된다. 증거개시의 범위를 제한하는 것과 동일한 효과를 가져온다. 이 개정안은 2014년 9월 사법회의(미 연방법원의 정책결정기관)를 통과하였고, 연방대법원의 검토를 거쳐 2015년 12월부터 시행되고 있다.

일본 회사들도 이러한 개정안에 주목하고 있다. 실제로 개정안이 시행되어도 미국 법원이 어떻게 개정안을 반영하여 판결할 것인지를 지켜보아야 한다. 신 규칙에서는 이익과 부담의 균형이라는 해석을 어떻게 할 것인지, 증거개시 범위를 정함에 있어 그 판단요소로서 관련정보 접근의 용이성 등 여섯 가지가 제시되어 있는데, 이에 대하여도 원·피고 쌍방의 대립이 예상된다.

우리 대법원이 미국의 디스커버리 제도 도입을 검토하는 과정에서, 이러한 미국의 개정 움직임도 반영하여 기업의 부담을 최소화하면서도 실체적 진실 발견을 위한 최적의 제도를 만들어야 할 것이다. 잘 운용하면 쟁점도 명확히 되고 소송비용도 줄일 수 있으나, 오남용되면 미국에서 보는 바와 같이 오히려 디스커버리 제도로 인하여 사회적 비용이 엄청나게 늘 수 있는 점을 고려하여 신중한 접근과 현명한 지혜를 모아 제도의 도입을 검토하여야 할 것이다. 미국을 제외한 다른 나라에서는 왜 이 제도의 도입을 주저하고 있는지도 아울러 생각해 볼 필요가 있다.

일본 자동차 부품회사의 반면교사

일본의 경쟁력이었던 담합이 이제는 경제의 해악으로

일본 자동차산업의 경쟁력의 원천으로 여겨져 오던 완성차 회사와 부품회사 간의 협조적 거래관계가 미국 법무부 반독점국의 주목을 받아, 오히려 이제는 '담합(카르텔)의 온상'으로서 경쟁력 훼손의 원천이 되고 있다.

2010년 2월 와이어 하니즈(자동차용 부품으로 배선을 다발로 묶은 것)에 관한 일본 회사의 자진신고자감면제도(leniency) 신청이 단서가 되어 2015년 2월 기준으로 일본 자동차 부품사 33개사가 유죄를 인정하여 총 24억 달러가 넘는 벌금을 내는 데 동의했다. 임직원 52명이 유죄를 인정하여 현재 미국 형무소에서 복역 중이거나 정식 기소되어 출두를 거부하고 있다. 이 중 일부 회사와 임직원 등이 조사 개시 후 증거를 파기, 은닉한 혐의로 사법방해죄로 약식 기소 혹은 정식 기소되어 있다.

이 같은 형사벌은 셔먼법(Sherman Act) 제1조에 가격담합, 입찰담합 등이 중죄(felony)로 규정되어 있기 때문이다. 셔먼법은 다음에 나오는 클레이톤법(Clayton Act)과 연방거래위원회법을 합하여 미국 반독점법을 이루며 우리의 공정거래법에 해당한다.

이외에도 미국에서는 클레이톤법 제4조에, 반독점법 위반으로 인해 사업 또는 재산상 피해를 입은 자는 누구든지 3배 배상과 변호사 비용을 포함한 소송비용을 구하는 소송을 제기할 수 있다고 규정하고 있다.

이런 법률에 근거하여 부품의 직접 구매자인 자동차 제조사와 간접 구매자인 자동차 딜러 및 최종 소비자가 원고

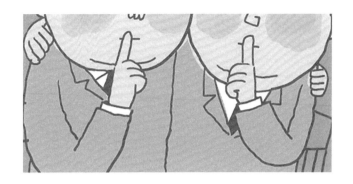

로서 미국 전역에서 클래스액션(집단소송)을 제기하여 진행 중이다. 다만 형사절차가 계속되고 있어 미국 법무부의 요청에 의하여 민사절차가 정지되면서 일부 자동차 부품을 제외하고는 개시 절차(디스커버리)는 진행되지 않고 있다.

한편, 리니언시 신청자는 민사소송절차에서도 3배 배상이 면제되고, 실손해(실제로 입은 손해)로 그 책임이 한정됨과 동시에 다른 카르텔에 참가한 피고와의 연대책임도 면제되어 자기 제품의 구입자에 대한 배상만 하면 되므로 그 인센티브가 상당하다. 그러나 신청자는 원고에게 충분하고 시의적절한 협력을 제공할 의무가 있어 미국 법무부에 제출한 모든 정보 및 문서를 원고에게 제출하여야 하고, 카르텔에 관여한 임직원이 원고에 의한 증언 녹취 등에 응하는 최선의 노력을 다하도록 되어 있다.

형사절차가 개시되면 미국 법무부에서는 사건을 관할하는 연방지방법원에 대배심(grand jury)을 설치하여 벌칙부소환영장(subpoena)을 발부케 하여 미국 자회사나 미국 자회사를 통한 외국에 소재하는 본사에 송달을 시도한다. 조사대상이 되면 미국에 출장가는 임직원에게도 그 행선지를 파악하여 송달한다. 이민국의 감시대상 인물 리스트에도 올리게 된다.

증거개시 자료에는 외국 본사의 자료는 포함되지 않지만 임의적 협력을 요구하는 경우가 대부분이다. 미국 법무부의 조사상황을 알게 되면 사내 조사를 통해 회사로서의 대응을 준비해야 하는데, 이 경우 의뢰인과 변호인간의 비밀유지특권(attorney-client privilege)이 보호될 수 있도록 반드시 변호사가 사건관련 내용을 청취하도록 해야 한다.

그러나 회사가 법무부 조사에 협력하기로 한 경우에는 이 같은 내부조사 내용도 보고하여야만 한다. 내부조사 결과 조사대상이 되고 있는 제품과 별도 제품에 대하여도 담합 등이 있는 경우에도 리니언시를 하여 형벌감경 (amnesty plus)를 받아야 한다. 이러한 경우 신고를 게을리 하면 오히려 형벌이 가중된다.

이탈리아 기업인이 독일 여행 중 미국에 넘겨진 사연

최근 각국 간에 체결된 범죄인도조약에 의해 형사피고인이 되면 미국 이외의 국가에서조차도 여행의 자유가 보장되지 않는다는 점도 주의하여야 한다. 마린호스라는 고무제품에 관여하여 2010년 10월 정식 기소된 이탈리아인이 독일 여행 중인 2013년 6월에 체포되어 미국 정부 요청에 의해 2014년 4월 미국에 인도되었다.

여기에 더하여 미 법무부는 2014년 9월에 카르텔의 수사대상이 된 기업이 조사당국과 협의하여 유죄를 인정하기로 한 경우라도 이와는 별도로 수사대상이 된 임직원을 계속 고용해서는 아니 된다는 지침을 발표하였다. 계속하여 고용하면 타 임직원의 수사에 악영향을 주고, 그 직원이 가격 결정 등에 여전히 영향을 미칠 수 있다는 이유에서다.

헌법상 무죄추정원칙과 어긋난다는 지적이 있지만, 미 법무부는 이 지침을 어기고 계속 고용할 경우 그 기업에 대한 보호관찰기간을 설정하고, 법령준수계획의 감시 담당자를 두게 하는 의무를 부과할 방침이라고 밝혔다.

이 같은 다양한 위협적인 수단으로 반독점법 위반행위를 엄단하고 있다는 점은 놀랍다. 그러나 이보다 더 놀라운 것은 이러한 담합 등의 행위가 반드시 미국 내에서 이루어져야 하는 것은 아니라는 점이다. 담합 등의 행위의 효과가 미국 시장에 사실상 영향을 미치면 미국의 셔먼법이 적용된다는 데 있다. 이른바 외국에서 행한 담합 등의 효과가 미국에 나타나면 미국 반독점법의 역외(域外) 적용이 가능하다(효과주의)는 데에 있다.

이러한 효과주의에 기초한 국내법의 역외 적용은 미국, EU, 일본을 비롯한 많은 나라의 경쟁당국이 취하는 태도이기도 하다. 그러나 미국이나 EU 시장이 우리에게는 매력적이고 국내 시장이 협소한 관계로 글로벌 진출이 불가피한 우리 기업들로서는 경각심을 가져야 할 부분이다.

미 법무부 반독점국의 반독점 위반행위에 대한 적극주의가 국경을 넘어 집행되고 있다는 점을 인식하고 글로벌 기업들은 사전 예방에 많은 시간과 노력을 쏟고 있다. 임직원의 법령 준수를 위한 준수프로그램(compliance program)을 만들고, 경쟁사와의 가격 등에 관한 정보교환(communication)을 억제하라는 강력한 메시지를 경영진이 임직원에게 주는 등 다양한 예방책을 강구하여야 한다. 이 같은 예방책이 최선이지만, 그래도 실제로 조사를 받게 되는 경우에는 그 피해를 최소화할 수 있도록 전략을 각 국면 별로 전문가의 도움을 받아 심사숙고하여 대응하여야 할 것이다.

중국 추격 막을 중견기업 특허대책

우리의 반도체와 휴대전화 기술을 바싹 추격한 중국이 이제 튼실한 중견기업의 기술도 무차별로 사냥하고 있다. 한국 중견기업의 기술을 무단 도용했다거나 기술자들과 기업을 통째로 사들였다는 소식이 끊이지 않는다.

한국 중견기업의 올해 1, 2월 수출액은 140억 달러로 대기업의 20% 수준이다. 이 중견기업들은 특허출원과 소송으로 중국 기업과 맞서고 있다. 이는 기술 무단 도용에 대한 자구책이다. 그렇기는 하지만 아직도 많은 중견기업이 '특허기술은 많을수록 좋다'는 생각에 사로잡혀 있어 안타까운 심정을 금할 수 없다.

최근 연구조사 결과는 반드시 그렇지만은 않다는 점을 보여 준다. 예를 들면, 2010년 기준으로 태양광 패널사업에 관한 특허를 보면 일본의 샤프는 특허 5,000건을 보유하고 있으나 세계 시장 점유율이 3%인 데 반하여, 중국 기업은 10건의 특허를 보유하고도 시장점유율이 7%였다. 특허 보유건수와 시장점유율은 별로 관계없다는 얘기다.

특허에 대한 기대 수준은 제품의 진화에 따라 변화한다. 특허권 행사로 이익을 거둬들일 수 있는 단계는 초기 개발단계와 양산 개발단계다. 지금 한국 중견기업이 중국과 공방을 벌이는 제품군은 그 단계를 지났다. 제품 주기상 쇠퇴기에 접어들면, 특허로 더이상 급격한 시장점유율 상승을 기대하기 어렵다.

쇠퇴기에는 부가가치 창출 도구가 있어야 한다. 대표적인 방법이 저가로 제품을 생산하는 방법이다. 그러나 우리나라는 이제 가격으로 승부하기에는 벅찬 상대인 중국을 만나고 있다. 이러한 사정은 일본이나 유럽, 미국 등 수많은 기업들도 마찬가지다. 가격 대신 다른 곳에서 승부처를 찾아야 한다. 디자인과 작동법 이노베이션, 제품 수명의 연장 등이 그런 대책이다. 이러한 수단들이 강구되지 않으면 더이상 시장에서 살아남기가 어려워진다.

하지만 특허 전략과 대책은 중견기업이 혼자 마련하기에는 벅차다. 시장 정보가 대기업에 비해 밝지 못할 뿐만 아니라 자금력이나 인력 등 가용 수단도 많지 않기 때문이다. 그래서 정부가 중견기업 보호에 나서야 한다. 2015년 1, 2월 수출 실적을 올린 중견기업은 1,748곳으로, 전년도에 비해 120곳이나 줄었다. 중국의 파상적인 공세로 더이상 수출길이 막히는 중견기업이 없기를 기대한다.

일본 기업의 여성 사외이사 열풍

일본 기업이 여성 사외이사를 모시는 이유

일본 여성 TV 앵커인 에즈레 유코(江連郁子)는 최근에 예전에 모시던 상사로부터 기업 사외이사 제의를 받았다. 업무상 그동안 많은 기업인을 인터뷰하긴 했지만 기업경영에 관해서는 아는 게 없어서 망설였다. 그러나 "소비자의 한 사람으로서, 또한 여성의 입장에서 조언해 주면 된다" 하여 사외이사직을 수락하였다.

그 기업은 우동, 소바, 일식, 양식 등 음식점 체인사업으로 한 해 360억 엔(3,500억 원) 이상의 매출을 올리는 구루

메키네야주식회사다. 오사카에 본사를 두고 있는 이 중견 기업은 48년 역사에 처음으로 여성 사외이사를 맞이하게 되었다. 이 회사는 도쿄증권거래소 제1부에 상장되어 있는데, 상당히 오랫동안 여성 사외이사를 물색하다가 마침내 성공하였다.

이러한 사정은 대기업도 마찬가지다. 후지쓰주식회사(富士通)는 무카이 치아키(向井千秋)를 사외이사로 영입하였다. 그녀는 의사이면서 일본 최초 여성 우주인으로 두 번이나 우주비행을 하여 일본에서는 유명한 여성이다. 후지쓰는 4조7,500억 엔(46조 원)의 매출액을 올리는 일본의 종합전자회사이다.

또한 자격을 갖추었다고 여겨지는 여성은 여러 회사의 사외이사직을 동시에 맡고 있다. 1조3,400억 엔(약 13조 원) 이상의 매출을 올리는 아사히글라스주식회사의 사외이사로는 도쿄대학 이사로 근무하던 에가와 마사코(江川雅子)가 선임되었다. 이외에도 다른 회사의 사외이사도 같이 맡고 있다.

1998년 10월 29일 발진한 디스커버리호에 승무원으로 탑승해 일본 첫 여성
우주인이 된 무카이 치아키. 조선일보DB

와세다대학의 가와모토 유코(天本裕子) 교수는 맥킨지에서 일한 경험이 있는데, 현재 미쓰비시 유에프제이 금융그룹(Mitsubishi UFJ Financial Group)을 비롯하여 야마하 자동차 및 레소나홀딩스 사외이사를 겸하고 있다.

마땅히 사외이사로 선임할 만한 여성을 찾지 못한 회사에서는 이사직무 훈련과정을 거치게 하여 이들을 사외이사로 영입하는 경우도 많다.

과거에는 어떠하였는가? 도쿄증권거래소 제1부 상장기업 중 2명 이상의 사외이사를 가진 회사는 2013년에 18%, 2014년에는 21%였다. 그러나 이 중에서도 여성 사외이사를 둔 회사는 거의 없었다. 사외이사라는 제도에 대해서도 "사외이사들은 회사 내부 정보를 상세히 아는 바가 없어 경영에 도움이 되지 않는다"는 기업 측의 설명에 정부가 동조하여 온 것이다.

그런데 이 같은 '여인천하' 정도는 아니라도 여성 이사 '열풍'이 몰아닥친 것은 2015년 6월부터 시행에 들어간 기업지배구조규범(일본에서는 이를 '기업통치규범'이라고 부른다)이 실시되면서부터다. 비록 법적 강제력이 없지만 규범을 준수하지 않을 경우 그 이유를 설명하여야 하는 이른바 'comply or explain' 방식에 의한 간접적인 압력 효과가 있고, 기관투자자들이 이 규범에 따라 의결권을 행사하겠다는 의견을 표명하고 있어 재빠른 적응을 보인 것이다. 2,400여 개의 도쿄증권거래소 제1부와 제2부 상장법인이 적용대상이므로 상당한 수의 사외이사가 필요하다.

이 규범은 지금까지의 불투명한 기업경영을 투명경영으로 바꿔 일본 기업의 체질을 개선하여 궁극적으로 경제를 활성화시키겠다는 일본 정부의 가장 중요한 조치 중의 하나다. 이 규범에 의하면, 2명의 사외이사를 두도록 권고하고 있다.

다른 한편 일본 정부는 2020년까지 30% 이상의 지도적 위치에 여성을 배치하겠다는 계획을 발표한 바 있다. 여성 사외이사 선임은 일석이조인 셈이다.

기업지배구조규범의 시행으로 여성만이 사외이사에 인기가 있는 것은 아니다. 외국인 또한 엄청난 성가(聲價)를 누리고 있다.

아서 미첼(Arther Mitchell)은 변호사이면서 아시아개발은행 법무실장을 역임한 경력이 있는데, 이번 바람을 타고 미쓰이 스미토모 금융그룹의 사외이사로 영입되었다. 바바라 저지는 영국계 미국 변호사로서 영국 연금보호펀드의 회장인데, 주택자재 관련 사업을 주업으로 하는 릭실 그룹(LIXIL Group)의 사외이사로 영입되었다.

미국에 한참 뒤처진 일본 여성의 사회 진출

여성이 기업경영에 등장한 것은 일본의 문화적·역사적 배경으로 인해 다른 나라에 비하면 상당히 늦은 편이다. 미국 자동차 회사인 GM은 2014년 1월부터 53세의 메어리 배러(Mary Barra)를 회장으로 맞이하여 GM의 107년 역사에 여성 회장이 처음 등장했다. 직원 수만 해도 34만여 명이다.

우리나라에는 전투기 제조업체로 잘 알려진 세계 최대 군수업체인 록히드 마틴(Lockheed Martin)의 최고경영자도 2013년에 취임한 메릴린 휴슨(Marillyn Hewson), 61세의 여성 경영자다. IBM의 버지니아 로메티(Virginia M. Rometty), 펩시콜라의 인도계 미국인 인드라 누이(Indra Nooyi), 듀폰의 엘렌 쿨만(Ellen Kullman) 등이 모두 거대 다국적 기업을 이끌고 있는 여성 회장이다.

대학에서도 여성 경영자의 바람이 거세다. 하버드대학은 설립 후 360년 만인 2007년에 드류 길핀 파우스트(Drew Gilpin Faust)를 처음으로 여성 총장으로 맞이하였으며, 영국 옥스포드대학도 2016년부터 부총장직이 신설된 이래 785년 만에 첫 여성 부총장이 취임하기로 되어 있다.

마거릿 대처 전 영국 수상은 여성도 남성과 같은 기회가 주어지면 남성과 같은 정도로 잘할 수 있다고 했다. 오늘날 경영학자들 중에는 여성이 남성보다 현대적 기업환경에서는 더 잘할 수 있다고 주장한다.

2007년과 2008년에 나온 맥킨지 보고서에 의하면, 여성 비즈니스 지도자는 남성에 비하여 5가지 리더십 스타일이 더 두드러진다고 한다. 이는 인재 개발, 목표 설정과 보상, 롤모델 제시, 의욕 고취, 참여적 의사결정이다. 이러한 행태는 현대 기업경영에서 중요성을 더해 가고 있다.

이에 반해 남성 리더의 특징은 통제적 · 교정적 스타일(control and corrective action)과 독단적 의사결정(individualistic decision-making)이라고 한다. 다소 시대에 뒤처지는 스타일이긴 하다.

현대적 기업환경에서는 양성(兩性)을 골고루 활용할 수 있는 능력(androgynous management)이 필요한데, 이는 여성이 남성보다 더 잘할 수 있고, 또한 여성이 남성에 비하여 리더십 스타일 면에서는 별로 차이가 없지만, 남을 위한

1 록히드 마틴의 메릴린 휴슨 2 IBM의 버지니아 로메티
3 펩시콜라의 인드라 누이 4 듀폰의 엘렌 쿨만
5 하버드대의 드류 길핀 파우스트 6 전 영국 수상 마거릿 대처

배려(compassion)와 공정성(fairness) 면에서 보다 낫다는 주장도 이와 맥을 같이 한다.

그러나 이 보고서와 다른 결과를 내놓은 것도 있다. 2013년에 917명의 경영자를 상대로 조사한 노르웨이의 한 보고서는 리더십 스타일에서 남녀 차이가 없다고 결론지었다. 노르웨이는 기업 이사회와 공공 아동시설의 여성 친화적인 정책을 지속해 온 나라로 유명하다. 이러한 점을 감안하면 이 나라의 사회학자 솔베르그(A. G. Solberg)에 의한 결론은 다소 의외다.

미국에서의 실증적 연구에 의하면 여성 리더가 이끄는 회사가 해고자 수가 적고, 사회적 기부도 더 많이 하는 것으로 조사되었다. 그러나 여러 가지 요소도 아울러 고려하여 여성 리더의 필요성을 정하여야 할 것이다. 여성이라도, 여성이라는 이유만이 아닌, 기본적으로는 각자의 능력에 따라 판단되어야 한다는 점은 변함이 없을 것이다.

그러나 일본의 사외이사 열풍에 여성이 등장한 것은 여성 리더의 지도력에 의한 것이라기보다는 불투명한 기업 경영 관행에서 벗어나 투명한 경영 관행을 확립하기 위해 남성의 네트워크 속에서 이루어지는 밀실경영을 방지하기 위한 방편이라고 생각된다. 외국인 사외이사를 반기는 것 또한 이러한 맥락이다. 실제로 이 규범을 실시하고 나서 일본 기업에 대한 외국인 투자가 증가하였다고 한다.

여성 사외이사는 남성들과는 다른 사회적 교류관계가 있으므로 외부 목소리로서 효과적이라는 의견이다. 이런 점에서도 여성 사외이사의 대거 등장은 일본 회사의 전통과는 거리가 있다. 외국인의 경우도 외부 목소리(outside point of view)로서는 효과적이다.

마치 파도 속에 들어가면 파도의 위협을 파악할 수 없고, 감독이 선수로 뛰면 전략적 지휘가 불가능하다. 기업경영에서 내부 목소리도 중요하지만 내부 목소리에 묻혀 버리지 않는 외부 목소리를 듣자면 여성과 외국인이라는 특별한 카테고리가 필요할 것이다.

우리나라도 사외이사제도를 시행한 지 여러 해가 지났으나 특징적인 점은 10대 그룹 계열사 사외이사 38%가 검찰, 국세청, 공정위 등 권력기관 출신 전관이라고 한다.

정부의 부당한 감시와 견제를 해소하기 위한 것이라고 하지만 사외이사의 역할이 그 수준을 넘어서야 하지 않을까? 기업이 그 같은 전관을 필요로 하는 문제가 과거에 있었거나 현재 있거나 아니면 장래에 있을 가능성이 있기에 그런 것이라고 외부에서 볼 가능성이 있지 않을까?

기업이 성장하기 위하여는 법이라는 최저 기준을 준수하는 것만으로는 부족하다. 최저 기준을 넘어선 그 이상의 목표를 달성하여야 한다. 기업경영의 투명성이 경제활성화에 도움이 된다면 어떻게 하여야 할 것인지에 관한 우리 사회의 진지한 고민이 필요하다.

2장

경영 진화의 필요성

글로벌화에 필요한 경영의 진화

일본 기업과 구미계 기업의 실적 차이

일본 기업의 자본효율(ROE)은 2014년 기준으로 상장기업의 3사 중 1사가 10%를 초과하고 있다. 평균으로는 6.8%다. 그러나 미국 기업은 16.0%, 유럽 기업은 15.4%다. 이에 대한 다양한 견해가 있을 수 있으나 전략적 사고, 의사결정의 스피드와 확고함, 혹은 엄밀한 수익관리 등 경영의 질적 차이라고 한다.

일반적으로 구미계 기업은 경영의 질이 치밀하고 대담한 데 반해 일본 기업은 상대적으로 이러한 점이 약하다.

이러한 점은 해외 M&A와 같은 상황에서도 두드러진다. 구미계 기업들은 먼저 M&A 이전에 장기적인 사업구상을 하고, 스스로 회사 존재가치와 사업영역을 명확히 한다. 그 위에 핵심사업을 자력으로 강화하는 한편, 사업 매수만이 아니라 사업 매각도 꾸준히 일관된 자세로 사업구상을 구현해 나간다.

노키아가 휴대폰 단말기사업에서 통신인프라사업으로, 필립스가 가전사업에서 의료기기 중심 사업으로, 스위스의 네슬레는 일반식품사업에서 헬스케어 및 식품사업으로, 미국의 GE가 다업종복합기업에서 산업인프라 회사로 탈바꿈하였다. 이러한 회사는 모두 장기적인 사업전망과 끈질긴 의지를 가지고 성장력이 높은 업종으로 진화를 도모하였다.

이에 비하여 일본 기업은 구체적인 안건이 나오고 나서야 비로소 검토하는 경우가 많다고 한다. 그렇게 되면 분위기에 맞는 혹은 운에 맡기는 형태로 되기 십상이다. 또한 매수에는 적극적이지만 매각은 거의 하지 않는다.

그래서 옛 사업부문과 새 사업부문이 병존한 채로 해외사업에 진출한다. 옛 건물을 허물고 새 건물을 짓는 신축(新築)이 아니라 옛 건물 위에 새롭게 일부를 얹는 증축(增築)이다.

'비워야 채워진다'는 오래된 진리는 일본 기업들에게는 여전히 받아들이기 어려운 명제인가 보다. 한마디로 M&A 활용에 있어 일본 기업과 구미계 기업의 전략성이나 다이내믹스에 커다란 갭이 있다.

일본의 글로벌화는 오래전부터 논의되어 왔지만 외국인 간부 등용, 글로벌 인사제도 도입, 혹은 주주가치지표의 활용 등 인사 및 제도개혁에 머무르고 있는 실정이다. 이러한 점에서 내적인 글로벌화에 필요한 것은 경영의 진화라고 한다.

우리 기업은 위 양자의 행동방식 중 어디에 더 가까울까? 아니 어쩌면 일본의 판박이 형태가 더 많지 않을까? 그러나 우리 기업의 평균실적에 비하면 일본 기업은 월등히

앞서 나가고 있지만, 그래도 글로벌 기업에 비하면 턱없이 부족하다고 독려하고 있다. 우리는 어떠한가? 우리는 좀비기업의 증가를 걱정하는 지경이다.

우리 기업도 치열한 국제경쟁에서 생존하기 위해서는 우리 사고와는 좀 맞지 않더라도 주어진 조건으로 생각하고 받아들이려는 자세가 필요하다. 경쟁자가 그렇게 움직이고 그렇게 하여 우리보다 우위의 경쟁력을 갖추어 나가고 있기 때문이다.

기업이 생존하여야 우리 젊은이들의 일자리도 보장된다. 모든 부문이 머리를 맞대고 힘을 보태어야 하지 않을까?

내부의 적

대규모 소송 위험에 노출된 기업들

2015년 9월 폭스바겐 마틴 윈터코른(Martin Winterkorn) 회장이 배출가스 조작파문으로 사임하였다. 신용평가기관에서도 신용등급 강등을 예고하고 나섰다. 미국의 소비자들이 이미 25건의 집단소송을 제기하였다. 이는 미국 환경청이 180억 달러(약 21조 원)의 벌금을 요구할 것이라고 예고한 것보다 훨씬 심각한 일이다. 미국 등 관계당국의 조사에 의해 밝혀지겠지만, 이 같은 배출가스 조작 책임자는 회사에 엄청난 손해, 어쩌면 회사가 망할 수도 있는 일을 벌인 셈이다.

기혼자를 상대로 성매매를 알선해 주는 웹사이트, 애쉴리 매디슨(Ashley Madison)의 고객 3,800만 명의 신상이 공개되어 이 회사는 문을 닫을 처지에 놓였다. 이 회사뿐만 아니라 회원 이름, 주소, 이메일, 신용카드 정보 등이 유출되고 불륜으로 사형에 처해질 수 있는 사우디아라비아의 회원도 있어 이 사이트를 이용한 고객의 입장에서도 그 파장은 상당하다. 이 회사에서는 이를 내부소행으로 파악하고 있다. 사회적 가치의 정당성은 별론으로 하고, 이러한 행위를 한 사람이 내부직원이라면 회사 입장에서는 어떻게 받아들여야 하는가?

  얼마 전 일본 굴지의 회사이자 세계적인 회사인 도시바가 분식회계로 일본은 물론이고 전 세계를 떠들썩하게 하였다. 이 회사의 회장, 사장 등을 역임한 사람 중에는 일본의 민영화된 우정사업 총책임자가 된 이도 있고, 일본 상공회의소 이사장이 된 이도 있으며, 일본 경제단체인 게이단렌(經團連, 우리나라의 전경련에 해당) 부회장으로 활동하고 심지어 일본 수상의 연설 내용을 결정하는 유식자 그룹의 일원이 되기도 하였다.

조선일보DB

이 회사 분식회계의 원인은 '이익지상주의'라고 결론을 내린 것 같다. 고위 경영층에서 달성할 수 없는 수익개선 목표를 제시하고 이를 필히 달성(´必達´을 최고위층에서 독려하였다는 조사결과도 있다)할 것을 독려하다 보니 아래로 내려갈수록 이를 달성한 것처럼 할 수밖에 없었다는 것이다.

이러한 사태에 대한 대응책으로 사내이사 12명 중 8명이 사임하고, 새로 내부통제부문을 신설하고, 이사회 구성을 과반수 이상 사외이사로 충원하고, 감사위원회 의장을 외부인사로 하며, 외부에 경영쇄신위원회를 두기로 하는 등 제도개혁을 도모하고 있다. 사외이사들도 아사히, 미쓰비시, 시세이도 등의 최고경영진 출신을 영입하였다. 한마디로 인적 쇄신은 다른 기업에서 경영을 담당한 경험이 있는 사람들로 모두 바꾸는 것으로 해답을 제시하였다.

그러나 이 사태의 후폭풍은 상상외로 크다. 우선 금융당국의 유가증권보고서 허위기재에 따른 과징금 처분이 기다리고 있고, 보다 악질적인 분식결산 등이 있었다고 판단되면 이에 따른 형사고발도 예상된다. 또한 이외에 기업이나 임원에 대한 소송이 있다. 허위기재에 의한 주가하락으로 생긴 손실에 대하여는 주주가 회사 등을 상대로 주주손해배상청구소송을 낼 수 있다. 도시바는 미국 증권시장에 상장되어 있지는 않으나, 미국 예탁증권(ADR)이 발행되어 미국 투자가 사이에 매매가 있어 미국에서의 소송도 가능하다.

이 경우 집단소송(class action) 형태로 소송이 진행된다. 이미 2015년 7월에 미국 캘리포니아 주 연방지방법원에 제소되었다. 다른 하나의 소송은 회사에 대한 임원의 책임을 추급(追及)하기 위한 소송으로 회사 혹은 주주가 책임 있는 임원을 상대로 손해배상을 청구하는 것이다. 이른바 주주대표소송이다.

이러한 해답이 향후 사태 재발을 방지할 수 있을지는 모르나, 이번 일로 도시바는 엄청난 시장의 불신과 현실적인 여러 가지 법률상 불이익과 함께 경제적 불이익을 입게 되었다.

회사 직원이 적이 될 때 외부의 적보다 더 무섭다

이번 사태를 도시바라는 회사의 입장에서 어떻게 보아야 하는가? 비록 그 책임자가 회사 최고경영자라고 하더라도 그는 회사에 위법한 행위로 손해를 끼친 '기업 내부의 적(The enemy within)' 이다.

폭스바겐 사태의 책임은 향후 가려질 것이지만, 도시바의 경우는 회사의 탑 매니지먼트(Top management)에서 내린 무리한 목표의 '必達' 이라는 지시가 그 원인이다. 최고 경영층은 회사의 별이다(star employee). 직장 내의 야심가(high-flyer)들은 자기 상사를 즐겁게 하기 위하여 정당한 룰을 조금씩 뒤틀다가 마침내 그 룰을 완전히 위반하게 된다. 더 좋은 성과를 내어 주주 혹은 상급자에게 잘 보이려는 태도가 종국적으로 회사를 위험에 빠지게 만든 것이다.

'기업 내부의 적' 으로 가장 흔한 예는 사기꾼(fraudster)이다. 이코노미스트가 2013년 회사 임원을 상대로 조사한 바에 의하면, 회사의 약 70%가 적어도 한 번은 이 같은 사기행위에 노출되었다고 한다. 여기의 사기는 사소한 것부터 대담한 것까지 그 폭이 다양하다.

한 조사기관의 조사에 의하면, 업무용 경비를 사용할 수 있는 임직원의 4분의 1가량은 비용지출을 부풀린 적이 있음을 자인하였다고 한다. 자신이 몸담았던 회사의 기술과 고객정보를 훔쳐 경쟁사를 설립하는 것과 같은 대담한 사기도 수없이 언론에 보도되고 있다.

사기꾼보다 더 위험한 부류가 있다. 아예 회사의 조직이나 시스템 관련 정보를 모두 파괴하는 이른바 파괴자(vandal)다. 해고명단에 오른 것을 안 다음, 회사 내 IT시스템에 접속하여 회사 업무용 파일을 모두 삭제하고, 최고경영진의 이메일 주소를 알아내어 포르노 사진 등을 뿌려대는 사건도 종종 있다.

이와 같은 직장 내 출세 욕구가 높은 사람들과는 정반대의 지위에 있는 아주 실무적인 일에 종사하는 직원들에 의해서도 회사에 엄청난 손해가 생길 수 있다. 이들은 의도적이든 그렇지 않든 인터넷을 활용하여 회사의 명성을 훼손하여 엄청난 손해를 끼칠 수 있다.

패스트푸드 체인점인 도미노의 한 종업원이 배달음식을 더럽히는 동영상을 인터넷에 올린 적이 있고, 버거킹에서도 한 직원이 비위생적인 신발을 신고 식재료인 양배추를 담아 놓은 통에 서 있는 사진과 함께 "이게 당신들이 버거킹에서 사먹는 양배추랍니다"라는 자막을 인터넷에 올린 사건이 있었다. 회사가 입은 손해가 적지 않았음을 쉽게 짐작할 수 있다.

외부사람들이 회사 내부직원(insider)과 관계를 형성하고 이를 이용하여 회사에 손해를 끼치는 사례도 적지 않다. 가장 단순한 형태로는 내부자에게 뇌물을 주고 키보드를 정교하게 수정한 비슷한 것으로 교체하거나, USB를 바이러스에 감염된 것으로 바꿔치기 하는 것이다.

외부 협력업체와의 관계에서도 유사한 상황이 발생한다. 보안전문가들은 미국 소매점 체인업체인 타겟(Target)의 약 4천만 명에 이르는 고객정보가 유출된 사건을 내부자의 관여하에 협력업체 직원에 의하여 발생한 사건으로 보고 있다.

외부의 적보다 내부의 적이 더 무섭다는 말은 익히 들었지만, 막상 함께 일하는 직원을 잠재적인 내부의 적으로 해석하는 일은 쉬운 일이 아니다. 회사의 가장 중요한 인적자원(human resources)을 적으로 돌리기에는 마음이 편치 않다. 그러나 우리 자신의 인성도 악한 성품과 착한 성품이 공존하고 있는 것이고, 우리 몸의 세포도 정상세포와 암세포가 공존하면서 지탱되듯이 이를 자연스러운 것으로 받아들여야 할 것이다. 어떻게 대처하고 예방하느냐 하는 것이 오히려 중요하다.

의심스러우면 쓰지 말고 일단 쓰면 의심하지 마라

이에 대한 대책 또한 이들이 어떤 적으로 변모할 것인가에 따라 달라진다. 파괴자에 대한 대책과 사기꾼에 대한 대책이 동일할 수 없다. 아무리 잘 조직화된 기업이라 하더라도 내부의 적과는 힘든 싸움을 하고 있다. 정보통제가 점점 어려워지고 있기 때문이다. 단 하나의 USB, 단 하나의 휴대폰이 끼치는 영향이 대단하기 때문이다. 컴퓨터를 비롯한 많은 전자장비들에 대한 해킹 기술 또한 나날이 발전하고 있다.

전문가들은 세 가지 정도의 원칙을 상기하라고 한다. 먼저 회사에 해악을 끼칠 수 있는 능력이 가장 큰 사람에 대하여 주목하여야 한다. 이들은 자금이나 정보를 다루는 사람이다. 어떤 사람을 내보내야겠다고 생각하면 즉시 실행에 옮기라는 조언도 그래서 의미있게 들린다.

보다 중요한 것은 인간미 넘치는 경영(human touch)이다. 아무리 내부적으로 방호막을 쌓는다고 하더라도(예를

조선일보DB

들면 이메일 모니터링, forensic accountant를 통한 회계장부의 이중 점검, 회사 내 스파이 배치 등) 악당으로 변모한 내부자를 쉽게 막을 수 없다. 가장 중요한 원칙은 회사 종업원을 존중하는 일이다. 많은 회사들이 종업원의 중요성을 이야기하나 실제로 이를 체감하는 종업원은 드물다.

한 컨설팅 회사 보고서에 의하면, 회사원의 31%는 자신의 상사를 싫어하고, 32%는 적극적으로 다른 직장을 알아보고 있으며, 43%는 자신들이 현 직장에서 아무런 인정을 받지 못하는 것으로 인식하고 있다고 한다. 기업은 더 중요하게 다루어야 할 일을 덜 중요하게 다루어 자원(資源)의 보고(寶庫)를 부채(負債)덩어리로 만들어 버리는 우를 범하지 말아야 할 것이다.

노동시장 개혁이 이루어지고, 노동시장의 유연성이 증대되면 될수록 이러한 문제는 더 심각해지는 측면도 있음을 유의하여야 한다. 이러한 유연성은 노동시장의 공급자와 수요자 모두에게 새로운 삶의 방식을 요구하게 되고, 특히 근로자들에게 현재의 직장이 나에게 견고한 일자리를 제공하지 못한다는 자각을 하게 한다.

  일본의 '살아 있는 경영의 신'으로 추앙받는 교세라 그룹의 이나모리 가즈오 명예회장은 "기업경영은 노하우나 기술로 만들어 가는 것이 아니다"면서 "이타심, 직원 행복 같은 가치를 담은 인간 중심의 경영원칙이 중요하다"고 한다. "주식회사는 주주의 소유지만 진정한 경영 목적은 사원을 행복하게 만드는 것이다"는 주장은 사실 새로운 것이 아닌 오래된 진리다.

  우리는 낮은 자리인 아래에(under) 서 보면(stand) 타인을 보다 더 잘 이해(understand)할 수 있게 된다. 자신을 스스로 낮추는 겸손(humility)은 도덕 수준의 고양 정도를 나타내는 목표가 아닌 생존을 위한 기본전제다.

  "의심스러운 사람은 쓰지 말고 일단 쓰면 의심하지 말라(疑人勿用 用人勿疑)"는 옛 성인의 말씀이 어떤 의미를 갖는지 다시 새겨볼 일이다.

벤처사업 발굴을 위한 업무제휴

일본의 옴론(OMRON)은 센서와 제어분야에서 세계적 기술을 가진 회사이고, 리코(RICOH)는 광학기술에 강점을 지닌 회사다. 이 두 회사가 새로운 벤처사업을 발굴하기 위하여 제휴하였다.

두 회사와 미스이 스미토모 은행 그룹이 합하여 15억 엔을 출자하고 여기에 관민 펀드인 산업혁신기구도 출자하여 총 50억 엔의 투자펀드를 설립하고, 사물과 인터넷을 연결하는 IOT, 로봇 등 장래 유망기술에 투자한다고 한다. 대표적인 투자대상이 자동차 운전과 로봇 기술이다.

자본과 업무제휴는 여러 목적을 위하여 이루어진다. 최근에는 새로운 벤처사업 발굴을 위한 업무제휴가 등장하고 있다.

벤처사업을 지원하기 위하여 보통 행하는 방법으로는 금융기관이 주체가 되는 벤처캐피탈이 있지만 이는 주식공개 등으로 투자에 대한 이익을 회수하는 것이 주목적이고, 사업회사가 스스로 펀드를 만들어 벤처에 투자하는 코퍼리트벤처캐피탈(CVC)이 최근 눈에 띄게 늘어나는 현상이나, 이는 벤처기술이나 아이디어를 자사 사업에 활용하기 위한 것이 주된 목적이다. 물론 옴론도 이미 농업과 생명과학 로봇 벤처사업에 30억 엔 규모의 CVC를 설립, 운영하고 있다.

그러나 CVC는 투자처의 기술이나 아이디어를 활용하기 위한 것이어서 이제까지 단독 사업회사에 의한 것이 중심이었다. 그래서 단독으로 코퍼리트벤처캐피탈을 설립하는 경우는 늘어나고 있지만(일본의 경우 단독 사업회사에 의한 CVC는 30억 엔부터 100억 엔 규모까지 다양한 규모의 것이 있고,

주된 투자대상도 온라인, 게임, 미래 교통 인프라 등으로 다양하다),
이처럼 두 회사가 공동으로 설립, 운영하는 경우는 매우
드물다.

　CVC 운영에 두 회사가 서로 힘을 보탬으로써 폭넓은
분야를 대상으로 할 수 있고, 투자처 선정의 정밀도나 지
원 내용의 폭도 넓힐 수 있다는 장점이 있다. 이러한 점에
서 단독으로 CVC를 운영하는 것보다는 벤처를 효과적으
로 육성할 수 있다고 보고 있다. 이 두 회사는 서로 사업
면에서 크게 중복되지 않아 제휴효과도 크다고 판단하고
있다.

　IOT 등 신사업 분야에서는 이제까지 생각하지 못하던
기술과 제품, 서비스의 융합으로 새로운 혁신적인 사업이
속속 등장하고 있다.

　이 기사가 주목받는 이유는, 우리 산업계가 이러한
업무제휴에 익숙하지 아니한 데 비하여 경쟁국인 일본이
이러한 시스템을 정착시켜 무서운 속도로 앞으로 나아갈

것 같아서다. 업무제휴보다도 더 인간적인 분위기를 자아내는 '상생', 'WIN-WIN'이라는 구조가 아직 정착되지 않아서일까?

산업분야에서의 통합형, 융합형, 통섭형 리더십이 아쉽다. 더 나아가 국내 기업끼리의 제휴를 넘어 외국 기업의 투자펀드와도 손을 맞잡고 가야 할 시기인 듯한데 말이다.

중국 조선소에 한국 기술자가
없는 곳이 없다

얼마 전 기업인들의 모임에서 한 중견기업 회장이 큰 소리로 이렇게 말했다.

"중국 조선소에 가보면 한국 고위급 기술자가 없는 곳이 없다. 우리 회사 기술연구소장으로 있던 임원이 어느 날 사표를 내고, 얼마 후 독일계 다국적 회사의 자금을 지원받아 우리 회사가 만들던 제품 생산 공장을 세웠다. 그래서 그 사람이 회사 비밀을 빼갔다고 검찰에 고발했더니 어떻게 된 일인지 무혐의 처리가 되었다. 앞으로 두고 보라. 우리가 가지고 있는 우수한 기술이 급속히 해외로 유출될 것이다."

최근 국내 신문에서도 한중 FTA 체결로 '기술 유출이 두렵다'는 제목의 기사가 자주 등장한다. 우리가 중국에 비하여 기술이 훨씬 앞선다는 이차전지(二次電池) 업계에서도 그 같은 우려가 크다.

이러한 경우를 대비한 법률적 장치가 있다. 그것이 바로 부정경쟁방지 및 영업비밀보호에 관한 법률이다. 기업이 가지고 있는 기술 등 중대한 정보가 부정하게 외부에 유출되어 피해를 입게 된 경우 민·형사상 조치를 취할 수 있다. 그러나 기업이 중요하다고 생각하는 정보가 무조건 법률상 보호받는 '중대한 정보'는 아니다. 그렇게 되기 위하여는 위 법률상 '영업비밀'에 해당되어야 한다.

'영업비밀'이란 공공연히 알려져 있지 아니하고(비공지성), 독립된 경제적 가치를 가지는 생산방법, 판매방법, 그 밖에 영업활동에 유용한 기술상 또는 경영상의 정보로서(유용성), 합리적 노력에 의하여 비밀로 유지되고 있는 것(비밀관리성)이어야 한다. 이러한 세 가지 요건을 모두 충족하여야 비로소 법률상 보호받을 수 있는 '영업비밀'이 된다.

이 중에서 가장 중요한 요건은 비밀을 어느 정도로 관리하여야 합리적인 노력을 다한 것으로 보는 것인가 하는 비밀관리성의 요건이다. 비록 개정 전 법률의 '상당한 노력'을 '합리적 노력'으로 개정하기는 했지만 여전히 구체적으로 어느 정도 관리하여야 할 것인지가 현장에서는 여전히 애매하다.

또한 이와 관련된 TRIPs 협정(The Agreement on Trade-Related Aspects of Intellectual Property Rights, 무역관련지식재산권에 관한 협정) 제39조에서도 대체로 위와 유사한 요건을 규정하고 있다. 이 조약상 비밀관리성 요건을 보면, "당해 정보를 비밀로 유지하기 위한 상황에 따른 합리적 조치가 행하여져 있을 것"을 요구한다.

'비밀관리'라는 요건을 충족하기 위해서는 당해 영업비밀보유기업이 당해 정보를 비밀이라고 단순히 주관적으로 인식하는 것으로는 부족하다. 비밀로서 관리하려고 하는 의사가 구체적인 상황에 따라 경제적으로 합리적인 비밀관리조치에 의하여 종업원에게 명확히 표시되고 결과적으로 종업원이 당해 비밀관리의사를 용이하게 인식할 수 있어야 한다.

거래 상대방에 대하여도 기본적으로 종업원에 대한 것과 마찬가지다. 그러나 실제로 이러한 원칙을 개개의 기업에 어떻게 적용하여 비밀관리를 해 나가야 하는가 하는 문제는 중소기업이나 중견기업의 경우 쉽지 않다.

여기 일본의 대응을 보자. 일본은 2003년 경제산업성(우리의 산업통상부)이 나서서 영업비밀관리지침을 만들어 배포하고 기업들이 지속적인 교육과 함께 창의적인 관리방법을 계속 개발할 것을 독려하고 있다.

이러한 지침을 정부가 직접 만들게 된 배경은, "영업비밀이 기업 경쟁력의 원천으로서 그 중요성이 날로 더해가고 있으나, 내용이나 관리방법은 정보의 성질, 경쟁기업과의 경쟁환경, 임직원의 수, 글로벌 진출 상황, 업무위탁 상황, 정보통신기술의 진보 등의 제반 요소가 복잡하게 영향을 미치고, 기업마다 다양할 수밖에 없고, 또한 끊임없이 진화하는 것이어서 기업들은 기업 실태에 맞는 실효적인 영업비밀관리를 창의적으로 개발하여야 한다는 점을 기업들에게 인식시키기 위한 것이고, 그리하여 영업비밀이 보호, 활용되어 경제 활력에 기여할 수 있도록 기대한다"는 것이다.

대한민국은 어떠한가? 우리는 아직 충분한 판례 축적이 되지 않았다. 이러한 점에서도 기업들이 영업비밀관리의 구체적 기준을 파악하기에는 어려움이 있다. 이와 같은 지침 하나가 얼마나 중요한 역할을 하는지 쉽게 알 수 있다. 우선 이러한 비밀관리방법을 만들어 나가는 과정에서도 임직원들이 영업비밀의 중요성을 인식하게 되고, 이를 실제로 집행하면서도 수시로 교육을 하게 되어, 위반 시 법적 효과 등에 대하여 인식하게 되므로, 미연에 그 같은 유출을 방지하는 효과가 있다. 사후적으로도 실제로 침해가 발생한 경우에는 사법당국에 의한 보호를 받을 수 있다는 점에서 그 중요성은 아무리 강조해도 지나치지 않는다.

일본의 경제력이나 기업규모는 우리와 비교가 되지 않지만, 이러한 정부의 기민한 대응과 세심한 배려가 결국은 국가경제력으로 이어지게 된다.

우리의 기업 현실은 대기업을 제외하고는 이런 곳에까지 신경 쓸 겨를이 없을 것이다. 그러나 영업비밀은 일단 유출되고 나면 회복하기 어려울 뿐만 아니라 기업에 막대한 손해를 초래할 수 있다. 지금이라도 기업을 리드하여 영업비밀보호에 관한 인식 전환을 도모하여야 한다.

토요타의 외국인 임원
마약밀수사건의 명암

2015년 4월 글로벌 거대기업인 토요타는 미국인 여성 경영인 줄리 햄프(Julie Hamp)를 홍보담당 임원으로 영입하였다고 대대적으로 홍보하였다. 글로벌 기업으로서 외국인을 간부로, 그것도 여성 간부를 등용하였다는 점이 다른 선진국에 비해 비교적 여성 진출에 소극적이었던 일본 사회에서는 단연 눈에 띄는 뉴스였다. 더구나 아베 정권의 여성 중시 정책에 발맞추어 이루어진 것이어서 크게 언론의 주목을 받았다.

그런데 이 줄리 햄프는 마약밀수혐의로 긴급체포되었고, 급기야 6월 말에 사임하고 말았다.

토요타의 첫 여성 임원으로 임명된 줄리 햄프는 미국지사 커뮤니케이션 담당자로 일하던 캘리포니아에서 마약성 진통제 '옥시코돈' 성분이 들어 있는 알약을 일본으로 몰래 들여와 마약밀수혐의로 긴급 체포되었다. AP 뉴시스

그런데 토요타는 개인적 비리임에도 CEO가 직접 나서서 '부모책임론(임원과 직원은 자식과 같은 존재이므로 자식의 잘못에 부모가 사과한다)'을 내세워 신속히 사태수습에 나섰다.

그리하여 비록 명성에는 커다란 손상을 입지 않았지만, 이 과정에서 창사 이래 처음으로 본사 압수수색을 당하는 수모를 겪었다. 이 사건은 외국인 임원 등용은 어떻게 하여야 할 것인지에 관한 과제를 남겼다.

일본이 보수적인 외국인 근로자 정책을 채택하고 있는 것도 널리 알려져 있다. 외국인 노동자가 필요한 경우에도 바로 외국인을 받아들이지 않고 우선 외국에 살고 있는 일본계 외국인을 역이민 받는 정책을 우선 취해 왔다. 그러나 일본계 외국인만으로 부족하여 동남아를 비롯한 여러 국가로부터 이른바 3D업종에는 여전히 많은 블루칼라 근로자를 받아들였고, 이들의 범죄가 사회문제가 된 지 오래되었다. 하지만 이들 외에도 일본에서 일하는 화이트칼라 근로자 수가 2014년 기준으로 10만 명을 넘어섰다.

우리나라의 경우 외국인 근로자는 블루칼라와 화이트칼라의 구분 통계가 없어 잘 알 수 없으나 이들을 합한 수가 약 15만 명이고, 이 중 중국인과 조선족의 합이 86% 이상을 차지하며, 동남아 국가 근로자를 합하면 96% 이상이 된다. 이들이 종사하는 업종도 음식·숙박업, 건설, 제조업이 대부분이다. 일본의 경제규모를 감안하더라도 우리나라에서 일하는 외국인 화이트칼라 근로자 수는 비교가 되지 않는다고 할 수 있다. 이는 아직도 우리는 글로벌화를 더 추진할 부분이 많다는 점을 시사한다.

줄리 햄프의 경우는 고위 임원으로 등용하기 전에 사전 검증을 어디까지 철저히 하여야 하는지에 관한 문제와도 관련이 있다. 마약복용 경험 유무까지 파악한다는 것이 쉬운 일은 아닐 것이다. 그러나 종전 일본 기업은 외국인을 등용함에 있어 실적 등 일에 대한 능력을 중점적으로 보고 종교 등 개인적인 사정은 상세하게 확인하지 않았다.

이제는 이러한 점에 대한 면밀한 검증이 필요하다. 외국인 임원의 경우는 단기적인 성과를 중시하는 데 반하여, 일본인 간부는 중장기적인 시각에서 경영문제를 처리하고 있어 그 간극에서 발생하는 문제가 존재한다. 이를 위하여 서로 어떻게 조화시켜 나갈 것인지에 관한 진지한 고민이 필요하다.

업무처리면에서도 양자 간의 차이가 존재한다. 예를 들어 일본인의 경우는 회의 전에 참가자들 간에 어느 정도 사전 정지작업을 하여 회의에서 토의할 내용을 정리하지 않으면 회의석상에서는 발언을 거의 하지 않는 반면, 외국인의 경우는 이러한 사전 정지작업 없이 회의에서의 토의를 중시하는 것도 문화적 혹은 습관의 차이가 외국인 임원들에게 스트레스로 작용할 가능성이 크다고 한다. 우리의 경우는 이와는 다르다고 할 수 있지만, 언어 소통 자체가 원활하지 않아 제대로 의견교환이 되지 않는 상황이 문제를 복잡하게 할 수 있다.

일본 임원진과 외국 임원진 간에 사업전략의 방향성과 추진방법면에서의 의견 차이를 메꾸지 못하여 임기 이전에 사임하는 경우도 많다. 외국 임원이 소수인 국내에서 이와 같은 갈등이 생기면, 외국인 임원으로서는 외국에서의 생활 자체도 적응하기 어려운 점이 많은데 이를 해소할 마땅한 수단을 쉽게 발견할 수 없는 환경 때문에 더욱 힘들 수 있을 것이다.

　한편, 외국 자회사의 경우에는 외국인 비중이 높고 국내에서 파견된 주재원이 비교적 소수여서 문제가 적을 것 같지만, 문화수준이 높은 선진국의 경우에는 국내에서 파견된 주재원이나 임원의 '모회사 직원'이라는 우월적 의식이 본사의 지시를 이행하는 과정에서 외국인 임원들에게 자존심을 상하게 할 가능성이 많다. 또한 양국 간의 문화적 차이를 누가 더 이해하여야 할 것인지에 관한 쉽지 않은 문제를 제기한다.

글로벌화가 진행됨에 따라 우리 기업의 해외 진출은 점차 필수적이 되고 있다. 이를 위하여 평소부터 사업의 다양한 측면에서 글로벌 마인드를 길러야 할 것이다. 기본은 타인에 대한 배려이고, 궁극적인 목표는 신뢰 구축임을 명심하여야 할 것이다.

2015년은 광복 70주년이다. 이 의미는 짧게는 광복과 연결되는 것이지만, 길게는 일본과의 역사적 관계를 고려하면 임진왜란까지 거슬러 올라간다. 비록 나라를 빼앗기지는 않았지만, 일본과의 전쟁 7년 동안 국토 대부분이 초토화되고, 무고한 서민들이 죽임을 당하고 끌려가는 등 온갖 수모를 당하였다. (교토에 있는 耳塚에만 우리 선조의 코를 베어 간 숫자가 12만 명이나 된다.) 이 모든 것의 출발점은 우리의 어두운 세계 정세였다.

조선이 일본보다 조총을 먼저 수입하였다면 어떻게 되었을까? 우리의 탁월한 도자기 실력을 당시 서양과의 교류에서 비싼 값에 팔고 그 대가로 조총을 사들였다면 분명 역사는 달라졌을 것이다. 일본은 서양인을 통하여 도자기가 그렇게 비싸게 서양에서 팔리고 있다는 점을 체득하여 임진왜란과 정유재란 때 조선의 도공과 심지어 도공을 도와 불을 때는 화공(火工)마저도 모두 잡아가 조상의 제사상에 올릴 도기가 없어 목기로 대신할 정도였다.

현대는 과거와 사정이 다르지만, 우리가 세계시장에 진출하지 않고서는 성장을 이루기 어렵다. 성장이 멈추는 순간, 국내 시장마저도 외국 기업들의 각축장이 된다. 이러한 점에서 과거보다 더 외국의 사정에 밝아야 하고 우리의 경쟁상대는 어떻게 움직이는지에 늘 관심을 기울여야 한다.

꼬리가 몸통을 흔드는 거래

5천만 원 투자해서 16억 원 손해 본 중소기업 사장

중견기업연합회 회원사에서 급히 법률문제를 상의하고 싶다고 하여 다른 일정을 미루고 회원사 여성 사장을 만났더니, "기존 회사에서 분할된 전기사업부문을 5천만 원을 주고 샀는데, 거의 5년이 다 되어서야 기존 매도회사의 채권자인 K은행이 연대채무를 변제하라면서 소송을 제기하였다" 한다. 그것도 위 금액의 32배에 상당하는 16억 원을 지불하라고.

회사법상 회사를 분할하여 매각한 경우, 분할 회사에서

분할 등기 이전에 알고 있는 채권자에게는 개별통지를 하고, 알 수 없는 채권자에게는 공고하도록 규정되어 있다. 이러한 절차를 이행하였음을 증명하는 서류를 등기신청서와 함께 등기소에 제출하여야 분할 등기가 이루어진다.

이 거래에서 매수 회사에서는 위와 같이 매도 회사측이 개별최고를 이행하였다고 진술한 서류를 믿고 적법한 분할 등기가 된 사업부문을 매수하였다. 나중에 밝혀진 것이지만, 은행으로서는 이러한 최고를 받지 못하였다는 것이고, 매도 회사의 사장은 이를 하였는지 잘 모르겠다는 것이었다. 매도 회사는 그 후 부도로 없어져 버렸다.

개별최고의 이행 여부를 채권자 명부를 받아 일일이 확인하지 아니하고 막연히 '개별최고를 이행하였다'는 진술서를 믿은 행위에 16억 원의 날벼락을 맞아야 하는 사태가 벌어진 것이다. 디테일이 얼마나 중요한지 실감할 수 있는 대목이다. 그래서 "악마는 상세한 부분에 숨어 있다(The devil is in the details)"는 말이 새삼 의미심장하게 들린다.

조선일보DB

얼마 전 강원도 평창에서 열린 유엔 생물다양성협약 당사국 총회에 참석하기 위하여 케냐를 출발한 다니엘 올로마에 올레 사피트 씨는 여행사 직원의 실수로 평창으로 가야 할 것을 평양으로 가는 바람에 북한의 순안공항에서 수시간 억류되었다가 벌금을 내고 추방되어 다시 중국을 거쳐 서울로 들어오는 힘든 과정을 거쳤다고 한다. 그 사람은 대부분의 아프리카인은 두 도시를 구분하지 못할 거라면서 Pyoungchang이나 Pyoungyang이나 마치 생명보험 약관에 아주 작게 쓰여진 글자를 대부분의 사람들이 잘 놓치듯 자신도 그런 상황이었다고 한다.

그러면 우리가 먼저 평창과 평양이 글자 한 자가 다르지만 나라가 달라질 수 있다는 홍보물을 잘 알려지지 않은 아프리카, 중남미 등의 국제공항에 설치하는 치밀함을 발휘하여야 하는 건 아닌가? 그런 나라에도 우리 공관이나 무역 관계기관도 있지 않은가? 지금이라도 이러한 세세한 부분까지 배려하는 자세가 필요하다. 눈에 잘 띄지 않는 디테일이 엄청난 결과의 차이를 가져온다는 점을 다시금 생각하게 한다.

인천공항 앞에 선 다니엘 올로마에 올레 사피트.

    평양 이야기가 나왔으니 말이지만, 김정은의 무자비한
숙청 대상이 된 사람 중에는 회의 중 졸았다는 이유도 있
다. 졸았다는 이유로 대공화기로 무차별 총격으로 총살을
하다니, 아연실색하지 않을 수 없다. 실제로는 다른 이유
가 더 크겠지만 어쨌든 표면상으로도 이러한 사소한 일이
목숨까지도 앗아가는 세상도 있음이 놀랍다. 이런 측면에
서 악마는 세세한 곳에 있다는 말이 적용되는 듯하다.

미국에서는 대통령이 참석하는 국가안보회의에서 졸기로 유명한 브렌트 스카우크로프트(Brent Scowcroft) 자문관을 염두에 두고 부시 대통령이 세 가지 기준을 정하여, 얼마나 길게 깊게 졸았는지(이 경우 코골이는 가산요소), 그리고 잠에서 회복된 후의 상태를 감안하여 그의 이름을 딴 '스카우크로프트 상'이라는 유쾌한 상을 만들어 수여하였다고 한다.

세세한 부분이 악마의 소굴일 수도 있고 신의 거처일 수도 있다는 생각이 든다. 앞의 은행 사건도 개별최고라는 아주 사소한 것이 매수 회사 사장 입장에서는 악마의 소굴이었지만, 은행 입장에서는 바람직하지 않지만 뜻밖의 횡재를 가져다 준 신의 은총이 존재한 곳일 수도 있다.

그러나 만약 금융기관이 종전 매도 회사의 연체 사실을 알면서 또한 매수 회사에 의하여 사업부문이 매각되어 매수 회사가 연대채무를 지게 된다는 점을 이용하여 채권시효 만료기간까지 최대한 기다렸다가 권리행사를 한 것이라면, 사람들은 금융기관이 아니라 베니스 상인에 나오는 샤일록을 연상할 것이다.

필수특허 없는 시장 참여 없다

방향성 있는 기술개발의 필요성

기술 없이는 살아남을 수 없다고 한다. 그래서 R&D 투자에 대한 조세상 혜택을 비롯하여 정부의 정책적 지원도 많다. 기업인의 간담회에 나가면 R&D에 대한 이야기는 빼놓을 수 없는 주제어이기도 하다.

그러나 크게 보면 기술개발이 중요하지만 이에 더하여 세부적인 면에서 검토가 필요하다. 애써 기술개발을 하여 설비투자를 해 놓아도 필수특허가 없으면 시장 진입 자체가 불가능하기 때문이다. 설령 어느 정도 제품을 생산하여 이익을 창출하더라도 궁극적으로 자신의 이익이 되지 아니한다.

필수특허(必須特許)란 권리범위가 광범위하고 그 제품의 생산과정에서 회피할 수 없는 특허를 말한다. 이러한 필수특허가 없으면 설비투자까지 마쳐 제품을 생산하더라도 특허권자의 이익으로 돌아간다. 특허침해로 되기 때문이다.

만약 필수특허를 둘러싸고 특허 보유자라고 주장하는 당사자들 사이에 다툼이 생긴다면 이는 제3자에게 이익이 될 수 있다. 소수의 필수특허 보유자는 다수의 필수특허권자들 간의 다툼으로 특허가 무효가 되면 자신의 특허 포토폴리오가 강해지기 때문이다. 필수특허를 전혀 가지고 있지 못하는 사업자로서는 필수특허가 무효화되어 시장 진입이 가능하게 된다. 그러나 선행 필수특허 보유자들 사이의 다툼은 한편으로는 제3자의 시장 진입을 그 다툼이 종료될 때까지 늦추게 하는 효과는 있다(이하 鮫島正洋, 小林 誠, 知財戰略のすすめ, 日經pb社 참조).

필수특허는 시장 진입의 전제조건

이처럼 필수특허 없는 기업은 시장 진입이 아예 처음부터 불가능하다. 그렇다면 신규시장 진입은 어떻게 하여야 하는가? 다음과 같은 세 가지 방법이 있다. 먼저 시장수요에 대응한 개발투자로 필수특허화하여야 한다. 시장은 항상 변화하므로 이러한 변화에 맞춰 새로운 수요에 부응한 특허를 만들어야 한다. 둘째로는 특허를 매수하는 일이다. 마지막으로는 필수특허 보유자로부터 실시허락을 받는 일이다. 이같이 필수특허를 어떤 방법으로든지 만들어 내야 한다.

기업이 장기적으로 지적재산권에 투자를 하는 비즈니스적 이유는 무엇인가? 바로 이러한 필수특허를 얻기 위한 것이다. 즉 시장변화(market shift, 시장의 수요가 변화하면서 시장수요가 야기하는 변화를 의미)는 언제나 존재한다. 특히 어떤 제품시장이 도입 혹은 성장기에 있는 경우라면 이러한 변화는 훨씬 더 크다. 이러한 점을 이용하여 시장수요에 맞는 제품 스팩을 만들기 위하여 회피할 수 없는 특허를 얻어

내야 한다. 물론 성숙기에도 시장변화는 있을 수 있다.

  그렇다고 선행(필수특허 보유) 기업이라고 하여 가만히 있어서는 아니 되고 지속적인 특허기술투자를 하여야 한다. 왜냐하면 특허기간이 만료되면 의미가 없어지게 되고, 설령 만료 전이라도 시장변화가 일어날 수 있기 때문이다.

  특허분석의 필요성

  필수특허 보유기업은 어떻게 특정할 수 있는가? 이는 특허분석을 통하여 가능하다. 관련제품의 수많은 특허 그래프를 작성한다. 특허 그래프에는 출원연도를 Y축, 특허청 심사에서의 피인용 건수를 X축으로 하여 표시한다. 이때 특허권자별로 색을 달리하여 구분한다. 이러한 특허분석 결과를 놓고 다음과 같은 내용을 알 수 있다.

  즉 특허출원연도가 오래된 것일수록 그 내용에 기본성이 높고, 기술이 풍부할수록 특허청 심사과정에서 인용 횟수도 많다. 그러면 차트의 좌측 하단에 위치한 특허는 기본성이 강한, 즉 필수특허일 가능성이 높다. 이러한 필수특허보다 위 혹은 우측에 존재하는 특허가 필수특허인지를 알려면 번거롭지만 특허명세서를 읽어보아야만 알 수 있다.

필수특허가 없으면 시장 진입이 불가능하다는 인식을 확고하게 하는 것이 얼마나 중요한 일인지는 아무리 강조하여도 지나치지 않는다. 이러한 필수특허 포토폴리오 이론을 적용하여 사업평가를 하기 위해서는, 앞에서 본 바와 같이 필수특허 보유자를 특정하여 시장 참가가 가능한 기업을 확정하고 이에 따라 시장점유율과 이익률을 예측하여야 한다.

경쟁기업의 특허보유상태 고려

종래의 마케팅에 대한 정의를 보면, 회사와 고객 사이에 회사제품이나 서비스를 판매하기 위한 커뮤니케이션 활동을 말한다. 이러한 마케팅에는 당연히 시장조사도 포함되어 있다. 그러나 종래의 마케팅에는 고객이 무엇을 원하는지 그 규모가 전체로서는 얼마나 되는지가 중요하였다. 그러나 특허기술 등 지적재산을 고려한 마케팅에는 이러한 고객의 관점뿐만 아니라 경쟁자의 관점도 동일한 정도로 중요하다. 즉 경쟁자가 보유한 기존 특허의 과다 혹은 과소 여부이다. 이를 종합하면 시장규모가 크고, 기존 특허가 적은 분야가 기술개발투자를 할 최적의 분야가 된다.

요구되는 시장환경이 이러함에도 아직도 대다수의 중견기업은 특허지도(patent map)를 작성하여 이를 활용할 수 있는 여력조차 없다. 이러한 난관을 어떻게 극복할 것인지 머리를 맞대고 해법을 찾아야 할 것이다.

아침형 근무제 확대하는
일본과 독일

'이른 아침(早朝) 근무제 확산 실험.' 이러한 기사가 보도된 지도 한참 세월이 흘렀다. 그러면 우리는 어떻게 다른 나라들과 경쟁하기 위하여 개선하고 있는가?

가까운 일본에서는 최근 아침 근무를 장려하는 기업이 늘어나고 있다고 한다. 아침형 근무를 장려하는 회사에서는 4월부터 일부 직원을 제외하고는 저녁 8시 이후 근무를 원칙적으로 금지한다. 화학품, 시멘트 등을 제조하는 매출액 7조 원 규모인 토소주식회사는 7월부터 아침 근무에 대하여 할증금을 지불하고 있다. 이도츄(伊藤忠)상사는 오후 8시 이후 잔업을 원칙적으로 금지하고 아침 근무시간외 수당 할증율을 25%에서 50%로 인상했다. 코니카 미놀타는 오후 8시 이후 근무자는 회사에 미리 신청을 해야 하며, 도쿄해상은 오후 5시 반에 퇴근한다.

이러한 형태 외에도 반드시 회사에 나와 있어야 하는 시간대를 지정하여 그 외의 시간에 유연성을 주는 제도(이른바 core time 제도)를 취하는 회사가 대부분이지만, 이러한 코어 타임제를 요구하지 않고 완전히 자유를 주는 완전유연시간제를 취하는 회사도 있다. 즉 오전 6시부터 저녁 8시까지 소정의 하루 근무시간을 채우면 되는 것이다. 물론 저녁 8시 이후의 잔업은 금지된다. 이 같은 제도를 시행한 결과 잔업시간이 예년에 비하여 30%나 줄어들었다고 한다.

일본 정부도 이러한 아침형 근무를 장려하여 잔업시간을 줄인 기업에 대하여 보조금을 검토하고 있다. 이 같은 근무형태의 변경은 시간외 수당의 증가나 임금제도를 변경해야 하므로 정부가 나서서 이를 지원하려는 것이다. 국가공무원도 업무시간을 1~2시간 앞당길 계획이다.

공장 직원들이 잔업을 하고 있는 모습. 조선일보DB

인구증가가 둔화되는 상황에서 장기적으로 성장률을 끌어올리려면 생산성 향상이 물러설 수 없는 수단이므로 아침형 근무제 확산이 생산성 향상의 유효한 수단의 하나로 여겨지고 있다.

한편, 기업으로서는 국제경쟁력을 끌어올리기 위해 여성이나 해외 인재 활용이 급선무라고 여기고 있는데, 잔업이 적은 직장 환경을 만드는 것이 우수인재를 모으는 데도 도움이 된다고 보고 있다. 이 같은 변화의 배경은 2013년 OECD가 발표한 시간당 노동생산성 발표에서 일본 기업의 노동생산성이 OECD 국가들에 비해 현저히 낮다는 데에 자극받은 것이다.

그럼 우리는 어떠한가? OECD 34개국 중 우리나라는 일본보다 더 낮은 28위로 최하위권에 속한다. 한국의 시간당 노동생산성(PPP를 적용한 명목 GDP/총노동시간)은 29.75달러, 2010년과 동일한 28위다. OECD 평균 66.8%에 불과하며, 미국 대비 49.4%, 일본 대비 71.6%였다. 이러한 기준으로 세계 1위인 노르웨이는 87달러나 된다.

우리도 회사에 따라서는 유연근무제를 도입하고 있기는 하지만 아직 부족한 점이 많다. 더구나 아침형 근무로 인한 할증금은 기업 여건상으로나 정부 예산상 쉽게 따라하기가 어려운 점이 많다. 일찍 나와 오히려 종전과 같이 잔업을 해야 하는 경우도 있을 것이다. 그러나 이젠 회사도 근로자의 건강이 회사 이익의 기초라고 생각하여야 한다.

독일의 경우 국민 25% 정도가 '번아웃 증후군(Burnout Syndrome)'을 보이는 것으로 밝혀졌다. 번아웃은 '타버리다, 소진하다'는 의미에서 따온 것으로 정신적·신체적 피로로 인해 에너지를 모두 소진해 버린 것처럼 무기력해지는 증상을 뜻한다. 불안, 우울증 등으로 나타날 수 있고, 극단적인 선택을 하는 경우로 연결되기도 한다.

이에 반해 우리나라의 경우는 비공식적이기는 하나 국민의 70% 정도가 이러한 증상에 시달리거나 그런 우려가 있다고 한다. 이 문제는 더 이상 개인의 문제가 아닌 사회적 문제인 것이다.

이에 대하여 독일과 같이 체계적인 사회적 배려가 정착되지 못하더라도 우선 근로시간을 줄이고, 휴가와 휴식을 제대로 취할 수 있는 환경을 만들어 주기 위해서라도 이같은 작은 제도적 변화를 도모하여 보는 것은 어떨까 싶다. 물론 개인 근로자의 선택에 의하여 노사 모두 득이 되도록 실행 프로그램을 잘 만들어야 할 것이다.

'메이드 인 코리아'를 넘어
'메이드 위드 코리아'로

리코(RICOH)라는 일본 회사는 인도 초등학교에서 사용하는 프로젝터 등 사무용품 납품을 목표로 하고 있지만, 단지 제품만을 파는 것이 아니라 이러한 사무용 기기를 사용하는 수업이라는 '행위'를 판매하기 위해 교재 개발 회사와 손잡고 일본의 수업용 부교재를 프로젝터와 함께 판매하고 있다.

예를 들어 태양광 발전메커니즘을 알기 쉽게 설명하는 모형, 도표, 사진 등을 프로젝터와 함께 판매한다. 즉 단지 '물건'을 판매하는 것이 아니라 수업이라는 '행위'를 판매하는 것이다.

리코 일본 공식 홈페이지

　인도에는 125만 개의 초등학교가 있고 대부분 가난하여 개인용 태블릿을 가질 형편이 안 되어 빔 프로젝터로 수업을 진행하고 있다. 이 규모는 일본의 20배에 해당하며, 이제부터 인도 시장에서 IT화가 진전되면 거대시장이 된다는 점은 의심의 여지가 없다.

　매력적인 인도 시장에는 우리나라, 중국 회사는 물론이고 일본의 경쟁회사 제품과도 격돌하고 있다. 프로젝터

제품 자체는 여타 회사들과 기능상 큰 차이가 없다. 오직 가격만이 차별화의 무기라면 끝없는 가격경쟁에 빠지게 된다. 이를 막기 위한 방법으로 리코는 프로젝터라는 제품을 파는 게 아니라 수업이라는 행위를 판매하는 전략을 선택하여 지속적인 시장 확대를 꾀하고 있다.

일본은 2014년부터 일본에서 생산된 물건, 'Made in Japan' 제품에 매달리는 것이 아니라, 세계의 자본과 조직, 사람들이 일본과 함께 새로운 가치를 창조해 나가는 행위, 'Made with Japan' 에 주목하고 있다. 이는 '소유' 의 삶에서 '존재' 의 삶으로 이행하고 있다는 반증이다.

이러한 조류는 관광산업계에도 나타나고 있다. 일본을 방문하는 외국인에게 '체험' 관광을 하게 한다. 물건을 파는 회사는 물론이고 유통회사도 물건 판매에 플러스 알파로 무엇을 더할 것인가를 고민한다.

백화점 업계에서는 관광객이 시내를 자전거로 둘러볼 수 있게끔 자전거를 대여하고, 의류회사에서는 일본 목욕가운인 유카다 체험교실을 운영하고, 유니버셜 스튜디오 재팬을 찾는 중국, 홍콩, 대만 관광객들만을 위한 특별전용 게이트를 운영하는 등 다양한 아이디어로 사업을 전개한다.

심지어 유명 백화점은 관광객의 선호도를 파악하여 묵고 있는 호텔을 방문해 고급 시계 등을 판매하는 서비스를 하기도 한다. 일본을 방문하는 외국인이 선호하는 체험은 온천관광이다. 2015년 1월부터 6월까지 일본을 찾은 외국인은 과거 최고치인 913만 명인데, 2020년까지는 2,000만 명이 목표하고 한다.

우리도 최근 문화체험 관광으로 점차 진화하고 있다. 한국 가구백화점을 들르는 외국인도 있고, 템플스테이를 하는 외국인도 있다. 향교나 서원을 방문하여 문화를 체험하게 하자는 논의도 있다. 그러나 아직 미미하여 이른바 '상용화' 단계에 이르지 못하고 있다. 더구나 가격경쟁에 빠져 있는 국내 관광업계가 외국인의 한국 여행 일정에 쇼핑시간을 많이 넣는 것은 결국 장기적으로는 관광산업의 몰락을 부채질하는 것은 아닐까?

우리나라를 찾는 관광객은 더 이상 관광회사만의 몫이 아니다. 다양한 업종이 한번 찾은 관광객이 다시 찾아오도록 협력하여야 한다. 최근 설악산의 절경을 체험할 수 있는 케이블카 운행이 승인되었다. 환경보호정책에 역행한다고 할 게 아니라 오히려 관광과 환경을 동시에 추구하는 어려운 숙제를 잘 해내는 저력을 우리가 세계에 보여 주어야 하지 않을까?

우리도 이젠 'Made in Korea'를 넘어 'Made with Korea'로 성큼 다가가야 할 것이다.

해외지점을 둔 기업에게
국세청 칼날이 날카로워지고 있다

기업의 글로벌 진출이 늘어남에 따라 과세문제 또한 전세계적으로 주목을 받게 되었다. 그 대응책을 OECD(경제협력개발기구)를 비롯한 국제기구에서 논의하는 경우가 점점 늘어나고 있다.

2015년 5월 27일 독일 드레스덴에서 열린 G7 재무장관, 중앙은행 총재회의에서도 기업의 조세회피를 어떻게 방지할 것인가 하는 것이 주요 의제의 하나였다. 여러 가지 이슈가 있지만, 최근 일본 과세당국의 기업에 대한 조치도 이러한 맥락에서 눈여겨볼 만하다.

조선일보DB

먼저, 기업의 절세대책을 세워 준 세무사나 컨설팅회사에게 이를 과세당국에 보고하도록 의무화하는 법안을 2017년 시행을 목표로 준비 중이다. 대표적인 절세방법으로 그룹 내 회사 간에 손실을 이전하거나 항공기 리스 비용을 복수의 회사에 분담시켜 이익분할을 시도하는 것을

들 수 있다. 1년간 1억 엔 이상의 손실을 의도적으로 생기게 하거나, 절세방안을 제시한 세무사 등에게 비교적 고액의 보수를 지급하거나, 절세대책을 외부에는 비밀로 하겠다는 약정을 맺은 경우도 보고대상으로 검토하고 있다.

이 같은 제도는 일본이 오히려 늦은 편이다. 미국의 경우 세무사가 기업으로부터 25만 달러 넘는 보수를 받으면 보고대상이다. 절세계획에 대한 보고의무를 이행하지 아니하면 미국의 경우 5만 달러, 영국의 경우 최대 100만 파운드의 벌금이 부과된다. 미국의 스타벅스가 영국 법인 및 스위스나 네덜란드의 관련 자회사를 이용하여 절세를 도모하는 방법과 같이 기교적인 조세회피 행위가 전 세계적으로 증가일로에 있다고 판단한 데 따른 것이다.

다른 한편으로는 과세당국이 그룹 내부거래에 대한 과세를 대폭 강화하고 있다. 모회사가 자회사의 증자(增資)나 감자(減資)에 참여한 경우 과세되는 경우가 늘어나고, 해외 자회사에 파견된 국내 모회사 종업원의 인건비에 과세하는 경우가 대폭 늘어나고 있다.

일본 어느 종합상사의 경우 태국 자회사의 2007년 증자시 액면가로 참여하였지만, 시가보다 현저히 낮은 가액으로 인수하였다고 보아 그 차액을 모회사의 수증익(무상으로 받은 수익)으로 과세하였다. 현지 주주가 주식을 매각하는 경우에는 액면 금액에 의하기로 사전에 약정되어 있었고, 증자 인수가격도 액면 금액이었다는 점에서 이익 이전이 있을 수 없다는 주장도 가능하지만 받아들여지지 아니하고 현재 법원에서 상소심 절차가 진행 중이다.

감자의 경우에도 마찬가지다. 닛산자동차는 자회사 감자를 하면서 모회사인 닛산자동차에 액면으로 환급한 금액이 시가보다 낮다는 이유로 그 차액을 닛산이 자회사에 이익을 이전(기부금)하였다고 보아 과세하였다.

이뿐만 아니다. 어느 중견기업은 해외 자회사에 종업원을 파견하고 급여는 전액 모회사에서 지급하고 세법상 손금으로 계상(세법상 비용처리)하였다. 이를 자회사가 지급하였어야 할 비용이라면서 자회사에 대한 기부금으로 과세하였다.

광고선전비도 예외는 아니다. 해외 자회사에서 제조·판매하는 상품의 광고선전비를 국내 모회사가 전액 부담하면 이익 이전으로 과세한다. 외국에 자회사를 세우는 경우, 설립 초기에는 자회사가 자리잡기 전까지는 모회사가 광고선전비 등을 부담하는 것이 일반적이지만, 과세당국이 이를 인정하지 않고 이익이 이전된 것으로 본다는 점이다. 해외 자회사의 사업이 정상궤도에 오르면 모회사에게도 이익이 된다는 반론만으로는 과세를 피하기 어렵다. 이러한 경우를 대비하여 모·자회사 간의 비용분담 구조에 관한 합리적인 설명자료를 사전에 준비하여 두어야 한다.

이 같은 과세당국의 엄격화 경향은 비단 일본에 국한되지 않는다. 사업의 글로벌화가 급속히 진행되고 있는 우리 기업의 경우도 이전가격 세제를 적용하여야 하는 상황이 점차 늘어나고 있다. 우리는 아직 이전가격 세제를 적용하는 경우 주로 모·자회사 간의 상품, 서비스 거래를 염두에 두고 있지만, 이른바 증·감자와 같은 자본거래나 비용부담도 표적이 되고 있음에 유의하여야 할 것이다.

한편 과세당국도 회사 내 회계전담조직이 없는 기업을 상대로 꾸준한 세법준수에 관한 교육을 지원하고, 글로벌 진출을 염두에 둔 기업에 대하여는 교육프로그램을 개발하여 성공적인 글로벌 사업이 되도록 하여야 할 것이다.

정부가 국민의 혈세로 모은 돈을 중소기업 보호와 육성에 쏟아부은 지 수십 년이 경과하였다. 사업을 일으키는 일이 중요하지만, 사업을 지키는 수성(守城)도 그에 못지 않게 중요하다. 특히 정부가 야심차게 진행하고 있는 글로벌 기업의 육성정책에서는 이러한 점이 더욱더 중요하다.

뇌물로 따낸 사업,
추락하는 신뢰

월마트, 뇌물 혐의로 든 비용이 무려 3조 원

월마트는 매출액 기준으로 세계 1위 기업이고 28개국에 1만1천 개의 점포와 종업원만 220만 명에 이르는, 월튼(Walton) 가가 경영하고 있는 가족기업이다. 월마트는 2011년 순이익이 154억 달러, 우리 돈으로는 15조 원이 넘는다. 2012년에 시작된 미 법무성의 월마트에 대한 반뇌물조사는 2015년 초에 종결되었다.

그런데 이로 인한 비용이 상상을 초월하고도 남았다. 우선 내부 자체 조사 비용으로 8억 달러(의혹이 제기된 멕시코

미국의 대표적 소매유통업체인 월마트

관리에 대한 뇌물 제공 여부 및 해외 자회사들에 대한 의혹에 대한 내부 조사 비용), 법무성 조사 대응에 필요한 변호사 및 회계사 비용으로 약 20억 달러가 들었고, 여기에 더하여 어떤 형태로든지 나오게 될 벌금, 관련 업체들이 제기하게 될 민사소송에 따른 화해 비용이 있다.

이것뿐만 아니라 수만 명의 관리자들이 이 일에 매달려 일상 업무에 전념하지 못한 계량화하기 어려운 비용이 또 있다. 앞으로 지출할 벌금이나 화해금을 제외하고도 이미 지출한 비용만으로도 우리 돈으로 3조 원에 가까운 돈이 들었다. 자동차 30만 대 생산공장을 짓는 데 드는 비용이 대략 1조 원 정도인 것을 감안하면 그 규모를 짐작할 수 있다.

이 뇌물 제공에 대한 조사는 중국, 브라질, 인도 등으로 도 확대되었다. 과연 이러한 뇌물 제공으로 새로운 점포나 창고를 얻거나 짓게 되었는지는 확실하지 않다. 그러나 뇌물 제공은 정부에 대한 신뢰를 추락시키고, 혁신을 둔화시킨다는 것이 지배적인 의견이다.

불과 10년 전만 해도 뇌물은, 특히 이머징 마켓에서 사업을 따내거나 절차를 빨리 끝내기 위한 필요악으로 간주되었다. 심지어 일부 유럽 국가에서는 사업을 따내거나 하면 뇌물(kickback)을 건네고 정부에서는 이를 세금 목적상 비용으로 묵인해 주기도 하였다.

이러한 분위기가 2000년대 초 NGO를 중심으로 이런 관행에 강한 비판이 쏟아졌고, 그동안 미국이 거의 사문화되다시피한 해외부패방지법(FCPA, Foreign Corrupt Practices Act, 1977년에 입법화됨)을 강력히 집행함으로써 분위기가 급속히 바뀌게 되었다. 벌금도 2007년까지만 해도 5천만 달러 정도였으나 현재는 10~15배로 증액되었다.

이 법의 처벌대상이 되는 업체는 미국 법인은 물론 외국 법인도 미국에 거점을 두고 있으면 포함된다. 고속전철사업으로 널리 알려진 프랑스 알스톰(Alstom)사는 2014년 지금까지의 기록상 최대 금액인 7억7,200만 달러(우리 돈으로 약 8천억 원)의 벌금을 부과받았다. 이집트와 인도네시아 등에서 7,500만 달러를 뇌물로 제공하였다는 이유였다.

파리 가르드 뒤 노르 역에 있는 TGV 기차에 적힌 Alstom사 로고. 블룸버그

최근에는 공사수주나 인허가에 국한된 뇌물만이 아니라, 중국 고위 공직자 자녀를 취직시키고 이를 사업에 활용하였다는 혐의로 금융계가 조사대상이 되었다. 독일, 영국 그리고 한국도 이러한 반부패방지에 관한 법집행을 추진하는 나라로 꼽히기는 하나, 아직 미국에 비하면 그 정도가 심하지 않다.

중국인 사장 뇌물 혐의 조사하던 영국인이
2년간 구금당한 사연

미국의 이러한 법집행에 대한 개선 의견도 있다. 예를 들면 과도한 비용을 줄여야 하며, 형사합의 대신 법정에서 진실 공방이 보다 실질적으로 이루어지도록 개선해야 하며, 다른 반부패관련법과 조화를 이뤄야 한다는 것이다. OECD에서 이러한 노력을 지속적으로 하고 있지만, 현재로서는 미국의 법집행 수위가 바뀔 것 같지 않다.

한편, 얼마 전 외신에 의하면 중국이 영국인 부부를 2년여 간 구금했다가 최근에 석방하였다. 그 영국인은 사설 신용정보업체를 운영하던 피터 험프리(Peter Humphrey)로서, 많은 고위 경영자들에게 잘 알려진 인물이다. 그의 구속은 많은 관심을 끌었다. 그는 글락소스미스클라인 (GlaxoSmithKline PLC, 세계 6위의 영국계 다국적 제약회사)의 의뢰를 받아 그 회사의 중국 자회사 사장의 뇌물 관련 혐의를 알아보고 있던 중이었다.

이 사건은 중국 회사 사장의 침실에서 촬영된 섹스비디오 테이프와 함께 뇌물 제공 혐의에 관한 내부 제보로 촉발되었다. 험프리에 대한 유죄 이유는 불법으로 중국인에 대한 개인정보를 얻어내어 팔았다는 것이다. 물론 글락소(Glaxo)의 중국 자회사의 뇌물 제공 혐의도 유죄로 인정하여 5억 달러의 벌금을 부과하였다.

월마트나 알스톰사의 예에서 보듯 해외에 진출하여 사업을 하는 경우, 그 어느 나라에서도 이러한 위험에 처할 수 있으므로 주의해야 한다. 그 파급 효과는 사업에 중대한 위험을 초래하게 되고 심지어 회복할 수 없는 상황으로 내몰릴 수 있다.

뇌물 제공 여부를 쉽게 파악할 수 있는 방법도 점차 다양하게 마련되고 있다. 이 중 하나가 일반통보기준(Common Reporting Standard)이다. 이 기준에 의하면, 자국의 금융기관으로부터 금융정보를 얻은 국가가 이 금융정보를 관련 국가에 자동적으로 보내 주게 되는 제도다. 그리고 이 금융정보를 획득하는 과정에서 자금 출처와 자금의 실질적 소유자에 관한 조사를 하도록 금융기관에게 의무를 지우는 조항(due diligence rule)이 포함되어 있다. 우리나라도 이러한 협약에 가입하였기 때문에 이 같은 정보를 바탕으로 종전보다 쉽게 의심거래가 드러날 수 있음도 유의하여야 한다.

한편, 글락소 사례에서 보듯이 이러한 뇌물 제공 혐의를 내부적으로 조사하는 과정에서도 현지법을 파악하여 절차상 문제가 발생하지 않도록 하여야 한다.

"남 하는 대로 하면 돈을 벌 수 없다"는 말은 창의적 아이디어로 사업을 하라는 이야기일 뿐이지, 남들이 하지 않는 금지된 일까지 하라는 취지는 아닐 것이다. 종전에 문제가 되지 않았다고 하여 지금도 문제가 되지 않을 것이라고 믿는 것은 더더구나 위험한 일이다.

3장

기업은 사회 전체가
가꾸어 나가는 것

일과 존엄성

노벨상 수상자가 시상식장에 운전기사를 초대한 이유

노벨상 소식이 전해지는 이맘때쯤이면 수상자들에 대한 이야기에서 우리는 한없는 용기와 가슴 뭉클한 감동을 동시에 받는다. 독일 하이델베르크대학의 옛 건물 벽에 길게 새겨져 있는 이 대학과 인연이 있는 노벨상 수상자 명단을 보고 있으면 '우리도 언젠가는…' 하는 분발심이 생긴다. 일본은 올해도 과학분야의 수상자가 나와 이제까지 몇십 명의 과학자가 노벨상을 받았다는데, '우리는 왜 아직일까' 하는 이야기도 늘 단골로 나온다.

2008년 노벨 화학상의 핵심아이디어를 낸 사람이 현직 '셔틀 밴 운전기사'라는 보도는 우리에게 놀라움과 감동을 동시에 선사하였다. 특정한 세포의 활동을 육안으로 볼 수 있는 도구로 사용되는 녹색형광단백질(GFP)을 발견하고 발전시킨 공로로, 전 프린스턴대학 교수인 일본인 시모무라 오사무(下村脩), 미국인 마틴 챌피(Martin Chalfie), 중국계 미국인 로저 첸(Roger Tsien)이 노벨 화학상을 받았다. 시모무라 교수는 19년간 총 85만 마리의 해파리를 잡으면서 끈질긴 노력 끝에 자외선을 비추면 빛을 흡수해 녹색으로 빛을 내는 녹색형광단백질(GFP, Green Fluorescent Protein)을 해파리에서 발견하여 조명을 받았다.

그러나 공동수상자인 마틴 챌피와 로저 첸이 시상식장에 초대한 '셔틀 밴 운전기사' 이야기는 우리를 더 감동케 한다. "그가 없었다면 애초 이 연구 자체가 불가능했다"면서 이 두 미국인이 노벨상 수상식장에 초대한 사람은 '셔틀 밴 운전기사' 더글라스 프래셔(Douglas Prahser)다. 그가 1987년에 이 연구의 핵심아이디어를 냈기 때문이다.

여러 가지 색깔을 내는 형광단백질(GFP)을 원심분리기용 소형 튜브에 담은 뒤 둥글게 배열한 모습. 조선일보DB

원래 더글라스 프래셔는 오하이오대학에서 생화학을 전공한 박사다. 형광단백질을 실용화만 할 수 있다면 세포 연구의 신기원을 이룰 수 있었으나, 연구자금이 부족하였다. 미국의 연구기관들이 별다른 실적이 없는 그의 연구비 지원 요청을 거절하였기 때문이다.

더글라스는 연구를 포기하고 다른 과학자들에게 자신의 연구자료를 넘겨 주었다. 그들이 바로 마틴 챌피와 로저 첸이다. 더글라스는 가족의 생계를 위해 연구를 포기하고 자동차판매회사에서 손님을 태워 주는 '셔틀 밴 운전기사'가 되었다. 세상이 나를 알아주지 않는다고 한탄하면서 세상을 살았을 법한데도 말이다.

"일 없이는 존엄도 없다(Pas de dignit? sans employ!)"

이 구호는 두 사람 중 하나가 실업상태인 튀니지에 가면 실감할 수 있다고 한다. 가히 필사적인 구호다. 우리 헌법 제10조에서는 "모든 국민은 인간으로서의 존엄과 가치를 가지며… 국가는 이를 보장할 의무를 진다"라고 규정하고 있다. 일 없이는 존엄도 없다는데, 일과 존엄은 어떤 관계에 있는 것일까?

어떤 노동도 무노동보다는 낫다

일이 없으면 가장 먼저 자립성을 상실한다. 스스로 돈을 벌 수 없다. 도움을 받아야 하는 처지가 된다. 물질적 자립이라는 면에서 그 어떤 노동도 '아예 노동하지 않는 무노동'보다는 훨씬 낫다. 적어도 돈에 관한 한 인생의 주인이 되기 때문이다.

그러나 이것 말고 일에는 또 다른 중요한 요소가 있다. 자신의 능력에 자부심을 느낄 수 있는 경험을 하느냐 하는 것이다. 일을 통하여 자신이 무언가 가치 있다고 느낄 수 있어야 한다. 이 반대편에는 부역이나 다름없는 일이 있다. 시키는 일이니 죽지 못해 하거나 생계를 이어갈 수 있는 다른 노동이 없기 때문에 하는 일이다.

자신에게 맞지 않는 일을 한다는 것은 존엄성을 상실하는 것일까? 답답하고 속상한 일인 것은 틀림없지만, 인간의 존엄성을 깨지는 않는 듯하다. '셔틀 밴 운전기사' 더글라스 프래셔처럼 말이다.

조선일보DB

그는 가족의 생계를 책임지기 위해 손님을 실어 나르는 밴 운전기사가 되었다. 가장으로서의 숭고한 사명을 가지고 말이다. 수많은 우리 어머니들이 자신의 삶을 희생하면서 보여 준 가족애와 같은 것이다.

화장실 청소를 '누군가는 해야 하는 일'이라면서 마다하지 않는 사람은, 어쩌면 아파트 경비원을 업신여기면서 눈살 찌푸리는 행동을 하는 돈 가진 사람보다는 훨씬 품격 있어 보인다. 하늘은 스스로 돕는 자를 돕는다는 자천우지(自天祐之)의 삶의 방식이 오히려 그들을 더 돋보이게 한다. 개인의 인격을 어떻게 높이는가 하는 문제와는 별개로, 이처럼 일이 인간 존엄의 기본 전제가 되는 것이고, 인간 존엄의 보장이 헌법이 규정하는 국가의 책무라면, 국가는 어떤 일을 하여야 하는가?

"찢어진 코트에 금단추를 달지 말라(Do not put gold buttons on a torn coat!)"는 외국 속담이 있다. 금단추보다는 찢어진 코트가 눈에 더 잘 띄기 때문이다. 한마디로 금단추 다는 일은 쓸데없는 일을 하는 것이다. 찢어진 코트 문제를 먼저 해결해야 한다. 이 속담은 삶의 작은 것에 초점을 맞추면서 큰 사안들을 무시하는 경우가 많다는 것을 깨우쳐 준다. 동양도 크게 다르지 않다. "일의 우선순위를 안다면 도에 가깝다(知所先後 卽近道矣)"도 이와 크게 다르지 않다.

인간 존엄을 보장하여야 할 책무는 국가의 책무이고 정치권이 우선적으로 관할하는 영역이다. 일 없이는 존엄도 없다. 젊은이들에게 좋은 일자리를 마련해 주기 위하여 온 힘을 쏟을 때가 아닌가? 정치권은 여전히 선거에서의 유리한 입지만을 생각하는 정치적 논쟁에만 관심이 있는 것 같다. '금단추(gold badge)'다는 일만 생각하고 '찢어진 코트'를 꿰맬 생각을 하지 않은 채 말이다.

정치권은 '어떻게' 기업을 도와 일자리를 만들 것인가를 고민하여야 함에도, 기업을 돕는 일이 마치 부자를 돕는 것이라고 아예 처음부터 손사래를 치고 있다. 정치권이 큰일을 무시하고 작은 것에 집착한다고 보는 것은 필자만의 오해일까?

일본 커리어 컨설팅

취업지옥시장에 뜨는 일본판 커리어 컨설팅 비즈니스

청년 일자리는 비단 청년들만의 고민이 아니다. 자녀를 둔 부모의 고민이자, 다음 세대로 배턴을 넘겨주어야 할 기성세대들 모두의 고민이다.

매년 쏟아져 나오는 대학졸업생은 취직사이트를 이용하여 회사에 지원하거나, 아니면 종종 간헐적으로 열리는 취업박람회장에 나와 원하는 회사에 지원한다. 이른바 구인을 하는 회사가 구직을 하는 졸업생들을 직접 상대하는 구조라고 할 수 있다.

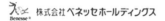

일본 베네세 홀딩스 홈페이지

　일본 베네세 홀딩스(Benesse Holdings)가 2015년 10월부터 졸업생들을 상대로 취직지원 서비스를 시작했다. 학생과의 무료면담으로 지망이나 적성을 파악하고, 기업이 구하는 인재상에 부합하는지를 대조하여 서로 만날 기회를 제공하고, 취업이 확정되면 기업으로부터 성공보수를 받는 것이다.

이와 같은 비즈니스 모델이 나오게 된 배경은, 수많은 지원자가 참여하지만 면접에서 떨어진다. 왜 떨어졌는지도 모른 채 지쳐간다. 이런 젊은이가 수없이 많은 상황에서 효율적인 취업활동이나 채용요구가 높아지고 있기 때문이다.

대기업의 인재 소개업무를 담당해 오던 전문컨설턴트가 학생과 한 시간 정도 2~3회 면담을 실시하고 전화나 이메일 등을 통하여 지망과 적성 등을 파악한다. 기업은 사전에 직종 등은 물론이고 '논리적 사고가 가능한 사람', '커뮤니케이션 능력이 있는 사람' 등 원하는 인재상을 제출한다.

이러한 서비스 개시 시점에 학생 약 2만 명, 회사는 약 2천 개가 등록할 것으로 예상했으며, 취업이 확정되면 회사로부터 1인당 80만 엔의 보수를 받기로 했다. 물론 정식 취업이 취소되면 회사에 전액 반환하는 조건이었다.

일본 청년들의 대기업 선호도도 우리나라와 다르지 않다. 이들의 취업과정 또한 별반 다를 게 없다. 우리나라의 경우 몇만 명씩 지원자가 몰리는 회사에서는 어떻게 하면 그 숫자를 줄여 제한된 인원 내에서 최종 선발할 것인가가 문제이고, 낙방한 지원자는 자신의 부족한 점이 무엇인지 궁금하기 짝이 없다. 사기업이니 시험 결과를 공개하라고 할 수도 없다. 현대판 음서제도이니 고용세습이니 취업청탁이니 하는 말들이 더욱 청년들을 힘들게 한다.

우리나라에선 취업알선서비스업이 제한되는 이유

기업이 필요한 인재 요건을 커리어 컨설턴트에게 보내고, 직장을 구하는 학생은 지망, 적성 등을 컨설턴트와 상의할 수 있는 시스템을 마련하여 구직과 구인을 매칭시켜야 청년 일자리를 보다 효율적으로 마련할 수 있다. 그리고 여기서 한 발 더 나아가 기업이 필요로 하는 교육도 함께 제공할 수 있는 기회도 마련된다면 금상첨화다. 구직(求職)과 구인(求人) 간의 미스매칭(mismatching)이 실업(失業) 요인 중의 하나라는 연구 결과는 이미 나와 있지 않은가.

잡페어(job fair)에 몰려든 일본 대졸 구직자들. 조선일보DB

그런데 우리는 현재 이 같은 청년취업알선서비스업을
할 수 없다. 우리나라 직업안정법에는 고용노동부 규칙으
로 고급전문인력 소개만을 유료로 할 수 있다고 규정하고
있기 때문이다. 원래 유료직업소개업을 허용하면 소개업
자가 보수를 받기 위하여 근로자의 이익을 고려하지 아니

하고 계약성사에만 치중하게 되어 근로자에게 불리한 노동관계를 만들 염려가 크다. 그래서 원칙적으로 이를 금지하고 미술, 음악 등 특별한 기술을 필요로 하는 경우에만 예외적으로 허용하였다.

그러나 일본의 경우, 그동안 노동자 파견사업을 금지해 온 결과 노동력의 수급 쌍방에 미스매치가 발생하여 이를 시정하여야 한다는 요구가 제1차 석유파동 위기 이후에 거세어졌고, 장기불황 속에서 규제완화, 구조개혁이 정책과제로 되어, 그 일환으로 유료직업소개업과 근로자파견 사업의 규제완화가 있어야 한다는 요구를 경제계가 강하게 요구해 왔다. 또한, 급속한 기술혁신, 산업구조변화 등에 수반하여 노동력 수급조정 미스매치의 정비·강화가 정책과제로 되었다.

실제로도 직업소개사업도 스카우트, 아웃플레이스먼트(outplacement, 재고용알선) 등에 걸쳐 다양화되고 있고, 또한 근로자파견사업도 증가일로에 있다. 그래서 1997년 일본은 직업안정법 시행규칙을 개정하여 종래의 유료직업소개업에 관한 규정을 포지티브 리스트(positive list)에서 네거티브 리스트(negative list)로 변경하여 예외적인 경우가 아니면 원칙적으로 허용하는 규정으로 변경하였다.

하지만 우리는 여전히 일본의 1997년 이전의 포지티브 리스트로 유료직업알선업을 규제하고 있다. 그래서 이른바 헤드헌터 사업은 허용되나 청년 일자리를 찾아주는 유료직업소개업은 허용되지 않고 있다.

한번에 모든 것을 고칠 수 없다면 법률적으로 그 지위가 확고하고 기업들을 잘 아는 경제단체가 회원사들을 위하여 청년 일자리를 매칭하여 주고 보수를 받는 것도 그 대안이 될 수 있을 것이다. 끊임없이 변화하는 환경에 맞는 스마트한 정책개발이 아쉽기만 하다.

법인세 인하는
부자를 위한 것이 아니다

'영국 법인세율 18%로 인하, 복지 슬림화, 세출 삭감.'

영국 오스본 재무장관은 2015년 하반기 예산안을 발표하면서 2020년에 법인세율을 18%까지 인하할 방침임을 밝혔다. 세출 삭감으로 재정적자를 축소하는 한편, 조세부담을 경감하여 기업활동을 촉진하고, 복지를 축소하여 세부담을 경감하겠다는 것이다.

영국의 법인세는 현재도 20%로 주요 선진국 중에서는 최저수준이지만 이것을 2017년에는 19%, 2020년에는 18%로 단계적으로 인하한다. 이와 함께 25세 이상 근로자의 최저임금을 2020년에는 1시간당 9파운드(약 16,000원)

이상으로 인상한다. 그러나 현행 고복지를 계속하는 것은 지속불가능하다고 판단하여 세액공제나 주택보조 등을 동결한다고 한다.

이러한 예산안의 성격을 오스본 장관은 '근로자를 위한 예산'이라고 정의하고 있다. 최저임금 인상이 있지만, 법인세 인하와 복지축소가 주된 내용인데 말이다. 그 의미를 영국 국민은 알고 있는 듯하다. 그리하여 2015년 5월 총선에서 보수당 정권을 19년 만에 단독 과반이 되도록 지지한 것이다.

미국 레이건 행정부에서는 보다 획기적인 안을 내놓았었다. 당시 다단계 누진세율 구조인 소득세율을 단계적으로 인하하지만 이상적인 소득세 세율은 성경에 나오는 10% 정도라고 말이다.

물론 법인세에 대하여서는 법인세 폐지도 논의되었다. 이 같은 획기적인 안은 논의는 되었으나 실제로는 실현되지 않았지만 방향은 그런 쪽으로 진행되었다.

그런데 우리나라에서는 법인세(현행 최고세율 22%) 인상이 여전히 중요한 논쟁거리다. 법인세 인하는 부자감세의 한 축인가?

법인세를 실제로 누가 부담하는가를 살펴보면 그 해답이 나온다. 법인은 법으로 의제된 사람이라는 의미이고, 자연인인 개인에 대비된다. 법인은 결국 개인들의 단체다. 그러므로 법인이 세부담을 하게 된다는 의미는 어떤 형태로든지 개인에게 그 부담이 돌아가게 된다. 법인은 실질적으로 단 한 푼도 조세부담을 지는 일이 없다(Corporations do not bear taxes, only people do). 이는 논쟁의 여지가 없는 것이다.

법인인 기업이 만든 제품이나 서비스가 시장에서 경쟁력이 있는 경우, 법인세를 인상하면 기업은 그 세부담만큼 가격을 인상할 것이므로 종국적으로 이 경우에는 소비자가 부담하게 된다. 이른바 전전(前轉, forward shift), 즉 전방(前方)으로 전가(轉嫁)가 일어난다. 그러면 가격 상승으로 소비가 위축될 것이다.

그러나 경쟁력이 없으면 기업은 인건비를 포함한 생산원가를 줄이거나 가격을 인하하여 시장에 팔 수밖에 없을 것이다. 이 경우에는 인건비를 포함한 생산원가를 줄여야 하는 상황이 생기게 된다. 이렇게 되면 근로자나 제품이나 서비스를 공급한 공급업체가 있다면 그 공급업체가 가격 인하의 형태로 늘어난 세부담을 하게 된다. 이른바 후전(後轉, backward shift), 즉 후방(後方)으로 전가(轉嫁)가 일어난다. 그러면 근로자의 임금인하나 고용감소가 일어나게 된다.

제품이나 서비스의 경쟁력이 없게 되면 주주인 기업주가 온전히 세부담을 지게 되어 자신이 투자한 투자원금이 날아가는 상황이 발생한다. 그러면 종국에는 기업이 문을 닫게 될 것이다. 손실만 생기는 기업에 누가 투자하겠는가?

조세부담이 누구에게도 전가되지 않고 재화의 생산과정에 온전히 흡수되는 경우, 즉 조세소전(tax transformation)은 생산과정의 합리화를 통해 생산성을 향상시키거나 생산비를 감소시켜야 한다. 그러나 어제까지 못하던 생산성 향상이 하루아침에 이루어지겠는가? 더구나 산업이 고도화되고 경쟁이 치열한 현재 상황을 고려하면 이러한 예외적 상황은 기대하기 어렵다.

우리는 법인세의 실질적 부담이 누구에게 돌아가는지 몰라서 법인세 인상론을 펴는 것인가? 그렇다면 우리는, 특히 정치권은 다른 나라로부터 많은 걸 배워야 할 것이다. 한편, 법인세 인상이 실질적으로 경제활성화에 도움이 되지 않는다는 것을 알면서도 그런 주장을 계속한다면 무엇을 위하여 그렇게 하는지 궁금할 따름이다.

기업은 달걀을 낳는 닭이다. 그러나 닭의 배 속에는 달걀이 존재하지 않는다. 원하는 것을 얻으려면 기다림도, 보살핌도, 그리고 눈에 보이지 아니하는 것을 내다볼 수 있는 내공도 갖춰야 한다. 영국인들의 지혜가 돋보인다.

법인 해외이전(Corporate Inversion)의 도미노 효과

미국을 탈출하는 미국 회사들

법인세 인상이 필요하다는 논의가 고개를 들다가 공천권 이슈, 국사교과서 이슈로 수면 아래로 잠복하였다. '정치의 경제 점령화(Politics over Economy)' 현상이다. 그렇다고 하여 이러한 논의가 개별적으로 진지하게 꾸준히 토의되고 있다는 보도도 눈에 띄지 않는다. 뉴스초점에서 사라진 이슈는 해결된 것이거나 소멸해 버린 것일까?

오바마 대통령은 일부 기업이 외국 기업과 손잡고 아예 법인을 해외로 옮기는 것은 "미국 경제 발전을 저해하는

일러스트 오어진

비애국적 행태"라고 공격하였다. 이러한 대통령의 언급에
몇몇 거대기업이 당초 계획을 연기하거나 취소하였다. 그
러나 여전히 많은 기업들이 이러한 시도를 계속하고 있다.

　법인의 해외이전이란 쉽게 말하면 법인의 거주지를
다른 나라로 이전하는 것을 말한다. 미국에서는 미국 내
법률에 의하여 설립된 법인을 내국법인이라고 한다. 이른

바 설립준거지(準據地)주의다. 그런데 이러한 미국 내 법인이 외국 법인과 합병하여 미국 내 회사를 소멸시키고 외국에 존속회사를 두게 되면, 종전의 미국 법인은 외국법인이 되는 셈이다. 그렇게 설립된 회사의 거주지가 미국보다 세금을 적게 내는 나라라면 회사로서는 유혹을 느끼지 않을 수 없다.

얼마나 많은 회사들의 주목을 끄는 것일까? 2015년에만 해도 CF 인더스트리즈는 네덜란드 회사(OCI)를 합병하여, 코카콜라는 독일과 스페인 각 계열사와 합병하여 모두 영국으로 회사를 옮겼다. 몬산토(Monsanto)는 스위스 회사(Syngenta)와 합병하여, 아리스(Arris)도 영국 회사(Pace)와 합병하여 마찬가지로 영국으로 이전하였다. 크레인 제작회사인 테렉스(Terexs)는 핀란드 회사와 합병하여 핀란드로 자리를 옮겼다.

많은 회사들이 미국에서 사업하는 것이 비용이 가장 많이 든다고 생각하고 있다. 작년에는 패스트푸드 체인점인 버거킹이 캐나다의 커피숍 운영업체(Tim Horoton's)와 합병한 후 캐나다로 법인을 옮겼다. 미국의 법인세율은 39%이고 캐나다의 법인세율은 26%이다. 어떤 회사가 세부담이 낮은 나라로 회사를 옮겨 경쟁력을 끌어올리면 경쟁기업이 가만히 있을 수 없다. 경쟁기업도 그러한 길을 따라갈 수밖에 없다. 인버전(inversion)의 도미노 효과다.

기업이 해외이전할 경우 가장 큰 손실은 무엇인가

이러한 도미노 효과를 막는 유일한 방법은 논리적으로는 영국 등 저세율 국가에 맞추어 미국 기업의 세부담을 줄이는 것이다. 즉 조세법의 국제화를 도모하는 일이다. 그러나 최근 미국은 어떻게 하면 미국을 기업하기 좋은 나라로 만들어 미국 내에 머물게 할 수 있을까 하는 면보다는, 오히려 어떻게 하면 미국을 떠나기 어렵게 만들 수 있을까 하는 점에 공을 더 들이는 것처럼 보인다.

재정적자를 생각하면 이러한 방향이 맞을 수 있다. 그러나 기업이 떠나면 법인세 수입이 없어지는 것은 물론이고, 일자리 소멸로 개인으로부터 받는 소득세도 없어진다. 돈의 문제를 떠나 일자리 상실은 인간 존엄성의 상실로 연결되는 일 아닌가.

이 같은 인버전은 서류상으로만 회사를 옮기는 것으로 가능하지만, 저세율 국가에서는 실질적 거주(substantial presence)를 요구하는 추세이고 조세회피를 위한 이전이라는 오해를 불식시키기 위하여 임원 등 헤드오피스 기능의 이전도 같이 이루어진다.

영국은 중심적 관리지배지(central management control) 기준으로 회사 거주지를 판정하고 있다. 따라서 영국법상 영국 거주법인이 되자면 이러한 요건을 충족하여야 한다. 어떻든 왜 런던이 금융 · 비즈니스 서비스, 그리고 낮은 세율의 글로벌 중심지로서 이 같은 회사 엑소더스의 최대 수혜자가 되고 있는지 이해가 된다.

회사 엑소더스의 결과는 무엇일까? 세수 감소? 그것만이 아니다. 그보다 중요한 일자리 상실이다. 그리고 이러한 엑소더스를 막기 위한 법률을 더 강화하면, 결국 미국 기업은 해외 기업의 M&A를 하지 못하고 오히려 외국 기업에 의한 M&A의 대상이 될 수 있다. 해외 기업의 먹잇감이 된다는 우려이다. 그것이 국가의 전략산업이라면 그 폐해는 심각하다.

이러한 현상은 우리나라와는 관련이 없는 것인가? 우리는 법인 소재지와 실질적 관리가 이루어지는 곳이 어디인가를 기준으로 내국법인 여부를 판단하므로 상관없다고 생각할지 모른다. 그러나 법인의 최고의사결정기구까지 해외로 옮기는 것이 그다지 어려운 일이 아니다. 발전된 교통·통신수단이 그 장벽을 아주 가볍게 해결해 준다.

기업은 부담이 크면 문을 닫을 것이다. 그러나 그 이전에 적어도 이러한 해외이전을 시도해 보는 것이 생존전략으로 너무나 당연한 일이다. 더구나 경쟁회사가 이러한 전략을 추구한다면 어떻게 가만히 있을 수 있는가? 문제는 이러한 경쟁자는 우리 한국 고유 토종회사만 있는 게 아니라 쟁쟁한 다국적 기업도 있다는 점이다.

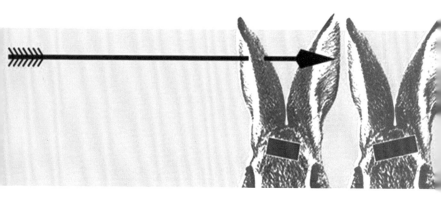

두마리 토끼, 조선일보DB

일자리 하나가 아쉬운 시점에 우리는 어떤 이슈든 좀 더 구체적인 실행방안에 집중하여야 한다. 총론으로는 밤을 새워도 답이 없으나, 각론에 들어가면 쉽게 답이 나오는 수도 있다. 그러나 각론을 얘기하는 사람이 상대적으로 많지 않다. 그래서 '각론 부재(不在) 총론'으로, '실행방안 (action plan) 없는 거대담론(ideology)'으로 애써 충전한 에너지를 늘 방전시키고 있다. '총론사회(總論社會)'의 대가(代價)인 것이다.

우리는 지정학적으로 강대국에 둘러싸여 있고 치열한 경쟁환경 속에 살고 있다. '검은 고양이든 흰 고양이든 쥐만 잘 잡으면 된다'라고 생각하고 일상을 영위하는 것은 우리에게는 불가능한 일일까? '쥐 잡는 일보다 어느 고양이에게 정통성을 부여할 것인가가 더 중요하다'며 일상도 접어둔 채 살아간다면 우리 미래는 어떻게 될까?

모두 중요하다고 생각되면 거리의 정쟁으로 비춰지는 추상론을 접어두고 구체적인 해결책과 실행방안을 두고 서로 지혜를 모아보면 어떨까?

글로벌 금융회사 직원들이
한국 근무를 꺼리는 이유

동북아 금융허브를 만들겠다고 멋진 청사진을 제시한 지도 10여 년이 지났다. 최근 우리 금융산업이 아프리카의 우간다와 비교될 정도로 경쟁력이 없다는 기사부터 다양한 원인과 처방전이 제시되기도 하였다. 여전히 '미완의 실천단계'가 아니라 그 이전인 '미완의 계획단계'다. 왜냐하면 많은 외국 금융기관들이 우리나라에, 그것도 우리가 마음먹고 있는 서울 여의도에 입성해 주어야 동북아 금융허브가 돌아가기 때문이다.

외국 금융회사들이 입주하기 쉽게 저렴한 임대료, 외국 법인에 대한 법인세 면제 등을 제시해도, 싱가포르나 홍콩

에 있는 그들을 한국으로 옮기게끔 마음을 바꾸게 하는
데는 역부족이다. 이들 회사에 근무하는 개인으로서는 개
인생활의 편리함과 유용함이 더욱 가치가 있기 때문이다.
외국인의 자녀교육, 의료, 주거환경 등 개인생활과 밀접
한 부분이 오히려 중요해진다. 이러한 편의성 이외에 가
장 중요한 것은 개인의 소득세 수준이다.

금융허브로 성공한 싱가포르의 경우 개인소득세의 최
고세율이 20%에 불과하다. 우리는 금융허브 경쟁국가들
의 상황을 고려하여야 한다. 그런데 우리는 근로소득세
최고세율이 38%나 된다. 금융기관이 한국으로 옮기려 해
도 직원들이 소득세가 높아 한국으로의 이전을 반대하였
다는 이야기를 들은 적이 있다.

기업 종사자들의 개인적인 이해관계만큼이나 중요한
것이, 자신들이 일하는 회사의 지속성장 가능성이다. 누
군들 잘 나갈 것으로 예상되는 회사에서 근무하고 싶지
않겠는가? 그래서 기업은 회사의 생존을 위해 혹은 이익
을 극대화하기 위해 법인세 부담이 낮은 나라로 이전하는

조선일DB

것이 자연스러운 것이고, 이러한 현상은 이미 오래전부터 시작되었다.

각국 정부가 외국 기업을 유치하려고 경쟁적으로 법인세 인하경쟁을 벌이는 현상에 대해 OECD 차원의 대책이 이미 오래전에 나왔을 정도다. 그러나 이 같은 조세경쟁은 각 나라가 자국경제를 위하여 쉽게 포기할 수 없다. 급기야는 자국기업이 외국으로 나가는 것을 막기 위해 법인의 본사 이전 현상에 대하여 국내입법으로 대응하지만, 다양한 형태로 이를 회피해 나가고, 따라서 이에 관련된 법률규정도 점점 복잡해지고 있다.

오바마 대통령은 이 같은 법인의 해외로의 본사 이전 행위는 시민권 포기 행위이자 경제애국주의에 역행하는 것이라고 비난하기도 하였다. 그러나 기업의 생존을 위한 몸부림을 오히려 자국에 외국 기업을 유치하는 계기로 삼고, 그에 맞추어 제도를 바꾸어 나가는(대표적인 것이 법인세 감면이다) 나라를 우리는 어떻게 보아야 하는가?

사유재산을 인정하는 사회에서는 평소에는 자녀를 훌륭히 키우려는 욕망으로, 그리고 노년에는 자녀에게 유산을 넘겨주려는 욕구가 당연한 것으로 받아들여진다. 이러한 욕구를 전제로, 사회 전체의 경제발전과 일자리 창출을 도모하기 위한 제도로 사업승계제도를 두고 있다. 독일, 프랑스, 일본, 영국 등이 이 제도를 갖고 있다.

미국의 경우도 규모가 작기는 하나 이러한 사업승계제도를 두고 있다. 사업승계제도는 사업 창업자 등이 사망하면 갑작스런 다액의 상속세 부담으로 인한 사업상의 어려움을 해결하고 고용유지를 계속하기 위한 절충형 제도다. 이러한 제도가 부자들을 도와주는 제도라고 보아 선입견부터 부정적으로 대하는 것은 세련된 창조적 정책 마인드라고 할 수 없을 것이다. 호주, 뉴질랜드, 노르웨이, 스웨덴, 싱가포르, 홍콩, 이탈리아 등에서는 아예 상속세를 폐지하였다. 이런 나라에서는 사업승계제도라는 틀을 만들 필요성조차 없을 것이다.

이제는 다른 나라와의 경쟁을 피할 수 없다. 우리 기업이 생존을 위하여 외국에 나가 둥지를 틀고, 현지인을 더 많이 고용하고, 우리나라 국민인 주재원 몇 명의 일자리를 만드는 것도 나쁘지는 않지만, 우리나라가 다른 나라보다 더 기업하기 좋은 환경이 되어, 우리 기업은 물론이고 외국 기업도 몰려와 우리나라에서 많은 일자리가 만들어지고 사회 전체가 풍요로워지기를 더 기대하는 것은 필자만의 바람일까?

민영화 이후 세계 최대 기업이 된
도이치 포스트

물류와 우편의 세계 최대 기업인 도이치 포스트(Deutsch Post)의 민영화 개혁이 새로운 단계에 진입하였다는 평가가 나오고 있다. 다른 나라의 우정사업 민영화에 비교가 되지 않을 정도로 비약적인 발전을 거듭하고 있다.

1995년 독일의 국영 우정성은 민영화되면서 우편, 은행, 텔레콤 등 3개 주식회사로 분리되었다. 이로부터 2년 뒤 독일 정부는 우편시장을 자유화하였고, 1년 뒤인 1998년에 독일 우편은 DHL 인터내셔널에 25% 출자(2002년에 완전 자회사함)하고, 미국 우편 대기업인 Global Mail을 인수하여 글로벌 시장에 참여하였다.

1999년에는 국제 물류 대기업인 스위스의 단자스, 미국의 에어 익스프레스 인터내셔널을 차례로 인수하였다. 이를 바탕으로 2000년에는 드디어 신규 주식 공개(IPO)를 성공적으로 마쳤다. 2005년에는 국제 물류 대기업인 영국의 엑셀을 인수하고, 2008년에는 독일의 라이프치히에 유럽의 항공화물용 허브공항을 개설하였다. 2012년에는 중국 상하이, 2013년에는 미국 신시내티에도 개설하였다.

2014년에는 아헨 공대의 전기자동차 벤처회사를 사들여 전기자동차 개발 및 생산에까지 손을 대고 있다. 아마존이나 구글 등 미국의 IT 거대기업이 개발을 앞다투고 있는 무인비행기 드론의 개발에도 손을 뻗치고 있으며, 의약품 수송 등을 상정하여 실험을 계속하고 있다.

새로운 분야에 투자 여력을 가지게 된 배경은, 2002년에 완전 자회사한 세계적 물류 브랜드 DHL 인터내셔널의 존재다. 2002년을 전후하여 차례로 인수한 유럽과 미국의 같은 사업을 DHL 브랜드로 흡수하고 국제적 네트워크도 확충하였으며, 미국과 중국에 항공화물용 자사 허브공항을 구축하는 등 태평양 항로의 대동맥에 투자하였다. 이리하여 드디어 라이벌인 UPS, Fedex의 아성인 미국 시장 공략에 나서고 있다.

신흥시장 개척도 서두르고 있다. 의약품 품질관리가 엄격해지고 있는 인도에서는 전용 창고를 구축하고, 중국에서 러시아를 경유하여 유럽을 연결하는 철도 수송에도 진출하였다.

독일은 지금 제조업의 고도화를 목표로 하는 '인더스트리 4.0'이 한창이다. 이 중에서 물류는 핵심사업이며, 우편, 택배, 물류대행, 국제화물수송 등 네 분야가 균형을 이루는 도이치 포스트는 국내 경험을 국제 사업에 적극 활용하고 있다.

이러한 외신을 접하면 과감한 변신과 기회를 놓치지 않는 민첩성이 부럽기만 하다. 이렇게 사업이 확대되면 거기에 소속된 근로자들은 얼마나 뿌듯할까? 그리고 얼마나 많은 일자리가 독일 젊은이들에 주어졌을 것이며, 그들이 갖게 될 자긍심은 또한 어떠했을까? 그러나 그들도 민영화를 계획할 때는 미래가 불안하였을 것이다.

국영기업의 민영화를 소리 높여 반대하고 길거리로 뛰쳐나와 얼마 지나면 경쟁에서 밀려 소리 없이 사라질 수도 있는 자리를 보전하는 것이 그나마 최선인 것처럼 부르짖던 모습이 떠오른다.

원래는 좋지 않은 것이라도 나중에 좋은 결과를 가져올 수 있고, 어떤 때는 좋은 것이라도 나중에 나쁜 결과를 가져올 수 있다. 보험제도가 원래 해적들이 전리품의 일부를 모아 사고가 생긴 동료의 유족들에게 주기 위한 것이었다는 것은 전자의 교훈을 주고, 로또 당첨자가 종종 타락의 길로 들어서는 것이라든가 찬란한 문화유산을 넘겨받은 그리스가 지금의 어려움을 겪는 것은 후자의 교훈이라면 과장된 것인가?

변화를 포기하면 그 자리에 그냥 머물러 있을 수 있는 것이 아니라 변화하는 자에 의하여 뒤로 밀려나게 된다는 점을 다시금 생각하게 된다. 외국 속담에 "겨울이 여러분에게 여름에는 무엇을 하였느냐고 묻는 날이 있을 것이다"라는 말이 있다. 독일이 할 수 있고 다른 나라도 할 수 있다면 우리도 못할 이유가 없지 않는가?

위기의 한국 물류산업

아시아 물류 중심지로 부상하는 스리랑카

스리랑카 반다라나이케 국제공항에서 가까운 곳에 현지 물류 대기업인 에쿠수포랑카 홀딩스의 국제물류센터가 있다. 베트남, 방글라데시 등에서 생산된 봉제품이 여기로 운반되어 목적지로 가기 위하여 선적을 기다리고 있다.

이들 화물의 목적지는 중동이나 유럽이다. 에쿠수포랑카 홀딩스는 스리랑카를 중심으로 남아시아, 중동, 아프리카 등 세계 18개국에 약 60개의 물류거점을 확보하여 물류서비스를 제공하고 있는 회사다.

부산항 감만부두 컨테이너야드 전경. 조선일보DB

　이처럼 성장성이 높은 시장에 발판을 구축하고 있는 이 회사를 일본 기업이 인수하여 엄청난 이익을 거두어들이고 있다. 일본 회사가 에쿠수포랑카를 매수한 이유는 이 일본 회사가 갖고 있는 일본과 동아시아의 물류거점과 통합한다면 다양한 서비스 제공이 가능해질 것이라고 믿었기 때문이다.

일본 기업 SG홀딩스는 2014년 6월에 약 80억 엔에 매수하여 불과 1년도 안 된 2015년 5월에 벌써 성과를 내기 시작했다. 인수한 스리랑카의 물류회사 에쿠수포랑카를 통하여 인도 재벌 관계사의 수송업무를 수탁하였고, 3월에도 미국 스포츠용품 대기업으로부터 동남아시아, 남아시아의 현지공장에서 생산된 제품을 유럽 시장으로 수송하는 업무를 수주하였다. 일본 기업 단독으로는 도저히 취급할 수 없는 업무를, 스리랑카에 기반을 둔 물류회사를 인수함으로써 가능하게 된 것이라고 회사 관계자는 말하고 있다.

긴데쓰(近鉄) 익스프레스 산하의 싱가포르 물류회사 APL 홀딩스는 콜롬보 근교에 있는 약 1만 평방미터의 부지에 창고와 컨테이너용 하역부지를 정비하고 있다. 일본 물류회사의 이곳 진출은 오히려 늦은 셈이다. 독일의 DHL은 스리랑카 최대 재벌인 존 키일즈 홀딩스와 제휴하고 있고, 미국의 Fedex 등도 이미 이곳에 진출해 있다.

스리랑카 국가차원에서도 변화가 일어나고 있다. 항만 정비도 진행되고 있다. 콜롬보항에서는 중국의 항만 운영 대기업 초상국국제(招商局國際)라는 회사가 대형 컨테이너 터미널을 정비하여 2013년부터 가동하고 있다. 이 해의 컨테이너 취급물량은 431만 TEU(길이 20ft의 컨테이너 박스 1개를 나타내는 단위)로 인도 최대 항구인 자와할랄 네루항(JNPT)을 추월하여 남아시아 최대 항구로 부상하였다.

그럼에도 또 다른 터미널 건설도 계속 진행형이다. 여기에 더하여 현지 당국은 항만이용료를 타국에 비하여 염가로 받고 있다. 인접 인도항만에 비하여 통관절차도 간소화하여 수일 내에 모든 절차가 완료된다. 또한 통관시에 문제가 생기는 경우도 거의 없다고 알려져 있다.

인도양의 중심에 위치한 지리적 특성으로 스리랑카에서 동남아시아, 인도, 유럽, 중동, 아프리카에 이르는 수송망을 만들기에 최적지라는 판단이 섰기 때문이다. 과거 내전에 시달리던 나라가 국제무역의 요충지로 진화하고 있는 것이다.

이 지역은 세계 탱커(석유·가스·휘발유 등을 싣고 다니는 대형선박)의 3분의 2, 컨테이너선의 약 2분의 1이 통과하는 곳이기도 하다. 인도양에 면한 20여 개국으로 구성된 환태평양연합(IORA)의 인구가 2040년에는 세계 인구의 3분의 1, 세계 GDP의 12분의 1에 이를 것으로 예측하고 있다. 그래서 스리랑카는 환인도양경제권의 배꼽으로 주목받고 있다.

허약하기 그지없는 한국 물류산업

물류산업은 좋은 일자리를 창출할 수 있는 분야이며, 모든 산업을 이어주는 연결과 소통, 그리고 의사결정의 기초를 이루는 분야다. 이러한 점을 감안하여 우리 정부에서도 "최근 물류산업은 전자상거래, 드론, 사물인터넷 같은 첨단분야와 융합하면서 고부가가치산업으로 발전하고 있다"면서 "이러한 변화 속에 새롭게 등장하는 다양한 물류 일자리들이 청년고용으로 활성화될 수 있도록 하겠다"고 다짐하고 있기는 하다.

그러나 이러한 스리랑카의 물류허브 부상에 우리 모습은 보이지 않는다. 이는 우리나라 국내 시장을 보면 그 이유를 알 수 있다. 우리나라 택배시장조차 국내 물류회사가 아닌 DHL, UPS, Fedex 등 세계적 물류회사들이 공략하고 있다. 한국 내 국제 택배시장은 DHL 50%, Fedex와 UPS가 각 20%씩 차지하고 있어 우리의 존재감은 마땅히 있어야 할 자리에서도 찾아보기 어렵다.

한국 물류산업의 현주소는 왜 이다지도 취약한 걸까? 잘못된 정책과 제도 때문이다. 먼저, 지입(持入)제도에 일차적 책임이 있다. 인력(운전기사)관리, 위험관리, 관련 서비스 개발, 해외배송, 물류정보관리 등 주요 역량이 지입제 환경에서 개발될 이유가 없다. 다른 하나는 내부거래화에 있다. 이처럼 안정적인 그룹계열사의 내부시장에서 위험감수와 역량개발을 할 유인이 없음이 자명하다. 우리 물류회사는 고질적인 지입제도로 기초체력이 허약하기 이를 데 없다. 그렇다고 하여 지입 차주들의 생활이 그다지 여유가 있는 것도 아니다. 아직도 화물연대의 운송거부로 물류가 마비되었던 기억이 생생하다.

인천의 한 쿠팡 캠프에서 쿠팡맨 수십 명이 트럭에 배송 상자를 싣고 있는 모습.
조선일보DB

국내 물류회사의 건전한 육성이 시급히 요청되는 이유도 이 같은 발빠른 세계적 물류회사의 움직임으로 우리 젊은이들의 미래가 점점 어두워지고 있기 때문이다. 한국, 중국, 러시아가 인접해 있는 기회의 삼각주 구상도, 통일 후 유라시아 대륙을 연결하여 우리의 국부를 일거에 끌어올리려는 거대한 구상도, 기초체력 없는 물류회사들을 두고서 기대하기 어렵지 않을까?

장래의 일은 고사하고, 당장 젊은이들이 취업할 수 있는 기회를 두고도 제도적 장치를 제대로 마련하지 못하여 그 호기를 놓치고 있음은 안타까운 일이 아닐 수 없다.

경제활성화를 위해
모든 것을 다하는 일본

불경기 살리기 위해 기업의 술집 접대비 제한도 푸는 일본

2015년 6월부터 일본 역사상 처음으로 회사지배구조 규범(corporate governance code)이 시행되었다. 회사지배구조란 기업이 지배되고 운영되는 메커니즘, 과정, 관계를 광범위하게 일컫는 말로서 한마디로 기업을 통치하는 메커니즘이다. 이에 따라 대부분의 상장회사들이 2015년 12월까지 이 규범을 따르든가, 따르지 못할 경우 그 이유를 소명하여야 한다. 이 규범은 기본적으로 준수하든가 아니면 그 이유를 소명하는 방식(comply or explain)으로 법적 구속력을 가지지 않는 것으로 되어 있다.

이는 일본 기업을 옥죄는 결과를 가져올 것인가? 물론 결과를 장담할 수 없지만, 그 목적과 제도의 틀(framework)을 보면 그럴 것 같지는 않다. 아예 처음부터 그 목적을 명백히 하여 경영에서 오는 위험을 회피 혹은 제한하거나, 회사 경영 스캔들을 예방하기 위한 것이 아니고 오히려 "건전한 기업가 정신을 고취하고 지속적 성장을 촉진하고, 중장기적인 기업가치를 증가"시키는 것이 주된 목적이라고 명시하고 있다. 그래서 상세한 규정을 두어 법적 강제성을 수반하는 법률이나 각종 하위법령과는 달리, 원칙만을 정하여 각 회사의 사정에 따라 적절하게 적용할 수 있도록 하는, 말하자면 "원칙을 기반으로 한 접근법(principles-based approach)"을 취하고 있다.

일본의 경제성장을 위해서는 기업의 생산성과 수익을 글로벌 수준으로 끌어올려야 한다. 그러려면 회사를 변화시켜야 하고 경영진의 마음가짐을 바꿔야 한다고 결론 내리고, 이를 위한 규범을 만들어 행동의 지향점으로 삼고자 하기 위한 것이다.

2014년 12월 1일 여의도에서 열린 전국경제인연합회(전경련) 회관 컨퍼런스 센터에서 진행된 '제24회 한일재계회의'에 참석한 사카키바라 경단련 회장이 축사를 하고 있다. 조선일보DB

일본 정부는 20년간의 불황을 극복하기 위하여 여러 가지 제도적 장치들을 마련하였다. 그중에서도 가장 주축을 이루는 것이 바로 기업지배구조규범의 정립이다. 이러한 경제활성화 시도들은 끊임없이 진행 중이다.

이 외에도 중소기업의 임금 인상을 촉진시키기 위하여 경단련(經團聯, 우리 전경련에 상응하는 조직)의 도움으로 사업협회별로 협의회를 조직하여 대기업의 노하우를 중소기업에 제공하여 중소기업의 생산성을 올려 궁극적으로 임금 인상을 도모하겠다는 계획도 실행에 들어갔다. 정부가 직접 기업에 개입하여 임금 인상을 권유하는 것은 바람직하지 아니하므로 이 같은 간접적 방법으로 근로자의 생활의 질을 향상시키려고 하는 등 다양한 측면에서 경제활성화를 위하여 노력하고 있다. 우리 정부가 기업의 임금 인상을 독려하는 수준보다는 확실히 세련되어 보인다.

여기에 2013년부터 대기업의 접대비를 상당 금액 세금상 비용으로 인정하는 방향으로 회귀하였다. 일본 정부는 80년대 말 기업들이 접대비를 비생산적인 용도로 많이 사용한다고 생각했다. 그래서 대기업은 시장개척이 별도로 필요하지 않다는 이유를 들어 중소기업에만 접대비를 인정하고 대기업의 경우는 세법상 비용으로 인정하는 폭을 대폭 축소하였다. 우리도 이 같은 영향을 받아 접대비 실명제 등을 실시하여 접대비 축소를 시행하였다.

그러나 일본에서는 이 조치가 소비를 위축시켰고 그것이 장기불황과 연관이 있다는 반성에서 이번에 이 같은 완화조치를 취한 것이다. 또한 노동생산성이 OECD 국가들에 비하여 현저히 낮은 점을 고려하여 노동시간을 줄이려는 시도로 이른 아침 근무를 주된 내용으로 하는 근무시간유연제를 광범위하게 실시하고 있다. 이러한 미시적 조치들과는 별도로 기업지배구조규범이라는 거시적 규준을 2015년 3월에 완성하여 6월부터 시행에 들어갔다.

이사회의 독립성과 효율성 강화가 변화의 핵심

이번 회사지배구조규범의 제정은 세계 경영학계에서 널리 알려진 일본의 'Kaisen'(개선이라는 의미로 제조업에서의 지속적인 품질 작업공정 등의 향상을 위한 활동을 의미) 방식이 기업경영 자체에 적용되게끔 하기 위한 것으로 외부에서 평가한다.이 규범은 신중한 투자위험감수(prudential take-risking)와 자본의 효율성(capital efficiency)을 높이도록 권장하고 성장전략 자체에 대하여는 구체적으로 방법을 언급하는 대신 그 대강만을 정하고 있다. 즉 내부 유보를 많이 하지 말고 신규투자, 과감한 사업 재편, M&A 기타 다른 거래들을 적극적으로 권유하고 있다. 이러한 경영규범이 기존 회사법의 틀과 어우러져 기업의 책임을 한 단계 격상시킬 것으로 평가된다.

다른 기업이 모범적인 경영을 하고 있을 경우, 이것이 모범사례가 되어 그렇지 못한 기업은 이를 본받아 경영을 잘할 수 있도록 하는 무언의 압력을 받게 되고, 경영진은 또한 원칙에 기한 경영규범에 지속적인 관심을 갖게 되고, 주주들과의 관계 설정도 원만하게 될 수 있을 것이라고 한다.

중요한 몇 가지 점을 보자. 우선, 다수의 독립이사 임명을 촉구한다. 이들로 구성된 독립이사회도 생기게 된다. 여기서 독립이사(independent director)란 회사법상 사외이사 중 증권거래소가 정한 독립성 기준을 충족하고, 또 당해 회사의 이해와 충돌하지 않는다고 결정한 이사를 말한다. 그리고 이들의 역할과 책임도 명문화하고 있다.

회사법에도 이미 사외이사제도가 들어와 있지만 이러한 이사들의 존재만으로는 회사의 성장을 담보하지 못한다고 보고, 이들의 역할을 주문하고 이러한 역할을 충실히 해내기 위하여 상호 정보교환을 촉진하고 객관적 독립된 의사결정 참여를 위한 독립이사들만으로 구성된 '경영회의(executive session)' 제도를 도입할 것을 권장한다. 이는 경영진과 사외이사, 그리고 감사 간의 정보 공유를 촉진하기 위한 것이다.

또한 이사회의 역할을 보다 효과적으로 하기 위한 분명한 규정을 두고 있다. 전략, 자원 배분, 모니터링, 이사들의 성과 평가, 승계 계획 등을 결정하도록 명문화하고 있다. 일본의 이사회가 경영진의 행위에 적극적인 역할을

한 것으로 보지 않고 있다는 반증이다. 더구나 승계 계획 같은 민감한 사안도 이에 포함된 것이 의미가 크다고 한다.

임명, 보수, 임원의 훈련·양성, 순환출자 그리고 주주와의 건설적인 대화(constructive engagement)를 어떻게 할 것인지에 관한 정책들도 공개하여야 한다. 마찬가지로 기업은 자신의 이사나 감사의 선임 이유를 설명하여야 한다. 이사회 자체의 효율성에 관하여 자가평가(self-evaluation)를 내리고 분석하여야 하며, 그 결과도 공개하여야 하고, 많은 외국인 주주가 있는 경우에는 영어로 이같은 내용을 공개하여야 한다는 것이 모범경영으로 권장된다. 이 규정은 또한 일정 기간을 두고 어떤 것이 잘 진행되고 어떤 것이 그렇지 못한 것인지를 검토하고 이에 맞게 개정할 것이라고 한다.

기업지배구조 개선과 엔저로 회생하는 일본 경제, 한국은?

미국의 로버트 라이트(Robert E. Wright)라는 학자는 저서 『회사국가(Corporation Nation)』에서 남북전쟁 당시에 2만여 개의 회사가 있었는데 당시 미국 초기 회사의 지배구조 (governance)가 19세기와 20세기에 존속하던 회사의 것보다 훨씬 나았다고 주장한다. 당시에는 경영자와 대주주의 사기와 권한남용을 막는 견제와 균형장치(check and balance)가 마치 공화국 같은 정도로 갖추어져 있었다고 한다.

그러나 제2차 세계대전 이후 미국의 많은 회사들이 이 사회에 의한 감시와 충분한 책임을 지지 않은 채로 사업에 전횡을 하였다. 1990년대 초반에는 이사회에 의한 CEO 축출 사례가 주목을 받았다(IBM, Kodak, Honeywell). 2000년대 초에는 엔론이나 월드콤 같은 거대회사의 파산과 범죄행위, 그리고 이보다 규모는 작지만 아서 앤더슨 (Arther Anderson) 등의 회사경영 스캔들로 인하여 정치권이 회사지배구조(corporate governance)에 주목하게 되었고, 잘 알려진 바대로 2002년에 사베인스 옥슬리(Sarbanes-Oxley Act)법이 제정되게 되었다.

하지만 2007년 글로벌 금융위기 이후에도 여전히 독립이사회가 경영진의 무모한 행위에 제동을 걸지는 못했다는 비판을 받고 있다. 그래서 법적 규제만으로는 행태의 변화를 가져오지 못한다는 반성이 나오고 있다.

회사법을 비롯한 기업 관련 법률이 최소한의 기준을 요구하는 것이라면 이 규범은 모범경영을 위한 지침이나 가이드라인 같은 역할을 하는 것이라고 할 수 있다. 사실 향후 글로벌 시장은 더욱 빠르게 변화할 것이고 회사경영의 질, 지속적인 성장, 이윤 면에서 세계적인 기업과 뒤처진 기업과의 격차는 더욱 빠른 속도로 그리고 더욱 심화될 것이다. 선두 그룹 회사는 후미 그룹 회사에게 이런 면에서 모범사례가 될 것이다.

이러한 모범사례를 스스로 알아서 닮아 가도록 하는 것은 개인에게 있어서 행태의 변화가 오랜 시간을 필요로 하고 교육이 필요하듯 단체인 기업의 경우에도 동일하다. 보다 많은 교육과 훈련이 투자자나 경영진 양측 모두에게 필요하다.

2015년 6월 엔화 대비 원화 환율이 100엔당 900원 선을 위협받을 정도로 엔저 현상이 계속되었다. 이 사진은 2015년 4월 23일에 촬영한 것이다. 조선일보DB

기업은 일자리 창출의 알파이자 오메가라고 할 수 있다. 일자리는 국가 재정의 기초가 되고, 사회보험제도의 재원이 마련되는 곳이기도 하다. 그리고 더 나아가 삶의 일부이기도 하다.

저평가된 환율이 80년대 일본 성장의 기반이 되었으나, 그 후 국제정치적 압력으로 엔고가 시작되었고, 이로 인해 장기불황에 빠지게 되었다. 그러나 이제는 다시 엔저가 국제정치적 이유로 용인되는 시대다. 일본은 2014년도 순이익 1조 원이 넘는 회사가 역대 최대 수치인 61개사나 되고, 최근 대졸자의 취업률이 96.7%나 된다고 한다. 그러나 그들은 엔저에만 기대지 아니하고 더 나은 기업을 만들기 위하여 모든 것을 바꾸고 있다. 물론 그들은 장기불황 20년 동안 꾸준히 경쟁력을 키워 왔기 때문에 현재는 그동안 비축한 경쟁력에 더하여 보다 유리해진 환율로 다시 경제가 활성화되고 있다.

우리는 일자리 창출과 경제활성화를 위하여 무엇을 하고 있는가? 경제활성화 관련법안은 여전히 '법안'으로만

존재하고 살아 움직이는 '법'이 되지 못하고 있다. 목표가
같다면 방법은 얼마든지 조정하고 타협할 수 있지 않을
까? 우리 국민은 그 법이 살아 움직여 경제에 숨통을 틔워
주기를 기도하는 심정으로 간곡히 기대한다. *

경영의 미래를 말하다